LA FACULTÉ DES ARTS

ET L'ANCIEN COLLÈGE

DE MONTPELLIER

1242-1789

ÉTUDE HISTORIQUE D'APRÈS LES DOCUMENTS ORIGINAUX

PAR

A. GERMAIN

MEMBRE DE L'INSTITUT
PROFESSEUR D'HISTOIRE A LA FACULTÉ DES LETTRES DE MONTPELLIER, DOYEN HONORAIRE

MONTPELLIER
TYPOGRAPHIE ET LITHOGRAPHIE BOEHM ET FILS
IMPRIMEURS DE L'ACADÉMIE DES SCIENCES ET LETTRES
DE LA GAZETTE HEBDOMADAIRE DES SCIENCES MÉDICALES ; ÉDITEURS DU MONTPELLIER MÉDICAL

1882

LA FACULTÉ DES ARTS

ET L'ANCIEN COLLÈGE DE MONTPELLIER

Extrait des Mémoires de l'Académie — *Section des Lettres.*

LA FACULTÉ DES ARTS

ET L'ANCIEN COLLÈGE

DE MONTPELLIER

1242-1789

ÉTUDE HISTORIQUE D'APRÈS LES DOCUMENTS ORIGINAUX

PAR

A. GERMAIN

MEMBRE DE L'INSTITUT

PROFESSEUR D'HISTOIRE A LA FACULTÉ DES LETTRES DE MONTPELLIER, DOYEN HONORAIRE

MONTPELLIER

TYPOGRAPHIE ET LITHOGRAPHIE BOEHM ET FILS

IMPRIMEURS DE L'ACADÉMIE DES SCIENCES ET LETTRES

DE LA GAZETTE HEBDOMADAIRE DES SCIENCES MÉDICALES ; ÉDITEURS DU MONTPELLIER MÉDICAL.

1882

LA FACULTÉ DES ARTS

ET L'ANCIEN COLLÈGE DE MONTPELLIER

1242-1789

On appelait Faculté des Arts autrefois ce que nous appelons aujourd'hui Faculté des Lettres ; et les étudiants de cet ordre étaient alors qualifiés d'*artistes* ou d'*artiens*. Ce préambule me paraît nécessaire pour prévenir toute méprise. Il ne s'agira ici que de ce que l'on comprenait universitairement jadis sous la désignation collective d'arts libéraux (*artes liberales*). On disait, dans ce temps-là, maître ès arts, comme on dit actuellement licencié ou docteur ès lettres.

Je me propose de suivre, dans cette esquisse, l'histoire de la Faculté des Arts de Montpellier aux diverses époques de son existence, et je diviserai mon travail, pour plus de clarté, en cinq parties : 1° La Faculté des Arts à ses origines ; — 2° La Faculté des Arts au moment de sa restauration par les soins d'Isaac Casaubon ; — 3° La Faculté des Arts sous les successeurs de ce maître illustre ; — 4° La Faculté des Arts sous la direction des Jésuites ; — 5° La Faculté des Arts, depuis sa sécularisation en 1762 jusqu'à la révolution française de 1789. — Ma notice embrassera donc cinq régimes successifs. J'y joindrai, par manière de complément, un Appendice sur les anciens Collèges de Montpellier.

Ai-je besoin de rappeler que notre Faculté des Arts fut comprise, en 1289, par le pape Nicolas IV, dans sa bulle d'érection de l'Université de Montpellier, concurremment avec nos Facultés de Droit et de Médecine ?

I.

Le pouvoir ecclésiastique avait, au moyen âge, juridiction sur l'enseignement du droit, de la théologie, et de la médecine dans nos Écoles de Montpellier. Il voulut, par une conséquence naturelle, rattacher à son autorité celui des Lettres.

Aussi l'ancienne Faculté des Arts de Montpellier reçut-elle d'un évêque de Maguelone ses premiers règlements: ce fut Jean de Montlaur, le deuxième de ce nom, qui les lui donna. Ils sont datés du sixième jour avant les calendes d'avril (27 mars) de l'année 1242. Il convient, pour bien faire connaître l'école, ou plutôt les écoles, auxquelles ils s'appliquaient, d'en produire ici la traduction, sauf à renvoyer le lecteur, comme moyen de contrôle, au texte original que j'en ai publié en 1851, au troisième volume de mon *Histoire de la Commune de Montpellier*.

Voici le mandement, ou la bulle épiscopale, qui les renferme.

« Jean, par la permission divine évêque de Maguelone, à nos chers »fils les maîtres et étudiants en grammaire et en logique, résidant, soit à »Montpellier, soit à Montpelliéret, salut en notre Seigneur Jésus-Christ.

»Puisqu'il est de notre devoir d'établir les bases de l'enseignement sacré, »et, ces bases une fois assises, de prendre toutes les mesures nécessaires à »son développement, nous n'avons pas de meilleur parti à adopter, que de »faire usage de notre autorité pour entretenir ce qui est bien, et pour redres»ser ce qui forme obstacle au progrès des études scolastiques. Afin donc de »couper court aux empêchements qui seraient de nature à entraver la mar»che de ces études, après en avoir délibéré et nous en être entendu avec »l'ensemble des docteurs et des disciples de la Faculté des Arts de Mont»pellier, nous promulguons la présente constitution, valable sous tous nos »successeurs à perpétuité, et nous publions les statuts suivants, dont nous »prescrivons à jamais le maintien.

»Personne à l'avenir ne remplira les fonctions de régent ou de lecteur »dans les écoles de grammaire ou de dialectique, soit de Montpellier, soit »de Montpelliéret, sans avoir été préalablement examiné et approuvé par »l'évêque de Maguelone, ou par son délégué spécial, qui s'adjoindra pour »cet examen quelques régents de son choix, et sans avoir obtenu de ce

»prélat la licence d'enseigner. Les régents qui auraient fait leurs preuves »à la Faculté des Arts de Paris sont toutefois dispensés de l'examen ; l'auto- »risation de l'évêque de Maguelone, ou celle de son vicaire, leur suffira pour »professer à Montpellier.

»Tout candidat jurera sur l'Évangile, après son examen, d'être fidèle et »obéissant à l'évêque de Maguelone, et à notre cour de Montpelliéret.

»Les débuts des nouveaux maîtres auront lieu dans l'église Sainte-Foy de »Montpelliéret, ou dans les salles affectées aux cours, selon l'usage suivi dans »les villes d'Université.

»Tout maître invité à une cérémonie inaugurale par un débutant est tenu »de se rendre à l'invitation.

»Aucun maître ne cherchera, ni directement, ni indirectement, à attirer »à lui le disciple d'un autre maître, ni ne l'admettra à ses leçons, dans le »cas où il aurait contracté quelque dette envers un collègue, au sujet d'ho- »noraires.

»Par respect pour les Saints Pères, aucun maître ne fera de leçon le »jour des solennités religieuses dont l'Église de Maguelone prescrit la célé- »bration commune.

»Tout maître doit assister en personne, et faire assister ses élèves aux »funérailles des autres maîtres ou élèves défunts, sur la simple notification »d'un maître, ou de notre official.

»Quiconque sera requis par l'évêque de Maguelone, ou par son official »pour quelque affaire concernant l'Église de Maguelone ou l'Université de »Montpellier, doit obéir tout de suite à l'appel, et prêter conseil et secours »fidèlement, selon sa conscience.

»Aucun maître ou élève de grammaire ou de dialectique ne doit, par »machination, prière, corruption, rancune ou haine quelconque, enlever »à un autre maître ou élève une maison déjà louée, ni la louer pour lui- »même, si elle est occupée.

»Aucun maître, ni aucun élève, pourvu d'un bénéfice ecclésiastique, ou »engagé dans les ordres sacrés, ne sera admis sans la tonsure parmi les »maîtres ou élèves dans les assemblées, les débuts solennels, ou dans l'in- »térieur des écoles. Tout clerc régulier sera astreint de même à paraître en »public avec le costume de son ordre.

»Si un professeur a quelque satisfaction à tirer d'une personne étrangère »à l'Université, tous les professeurs et tous les élèves doivent l'aider de leurs »conseils et de leur assistance, raisonnablement toutefois, afin qu'il n'en »résulte pour lui ni déshonneur, ni dommage.

»Le droit de préséance dans les cortèges et réunions appartient aux plus »anciens professeurs. Celui-là doit passer avant les autres pour le respect, »qui a le plus vieilli dans le travail de l'enseignement.

»Le professeur investi du titre de doyen notifiera aux autres quels jours »et combien de temps devront vaquer les leçons et les disputes ; et on se »règlera, à ce sujet, sur son exemple, à moins que quelque nécessité ou »quelque infirmité ne le force exceptionnellement à suspendre son cours.

»Le présent règlement sera lu en entier au début solennel de chaque »maître, en présence de tous les maîtres et de tous les élèves ; et le nouveau »gradué ne prendra rang parmi les maîtres, qu'après avoir juré publique- »ment sur les saints Évangiles de Dieu d'en observer tous les articles.

»Deux expéditions pareilles en seront faites, pour plus grande sûreté, »dont l'une sera gardée par notre official, chargé en même temps des fonc- »tions de bayle de la cour de Montpelliéret, et l'autre demeurera aux mains »du recteur de l'Université, qui devra l'exhiber, sur la simple réquisition d'un »ou de plusieurs maîtres ou élèves. Celui, toutefois, qui aura été admis à »consulter cette expédition sera tenu de la restituer sans délai.

»Quiconque oserait témérairement s'opposer à cette constitution sera »frappé du glaive de l'anathème, au nom du Dieu tout puissant, en vertu »de notre autorité. Les observateurs de la présente auront droit, au contraire, »aux grâces de l'Église et à notre bénédiction.

»Afin d'attribuer à ces dispositions la force qu'elles doivent avoir pour »rester perpétuellement en vigueur, nous avons fait apposer à la présente »charte notre sceau en plomb.

»Donné à Montpelliéret, à la Salle-l'Évêque, l'an de l'incarnation du Sei- »gneur **1242**, le sixième jour avant les calendes d'avril, présents les témoins »dont les noms suivent, et qui ont été spécialement requis en cette »qualité, savoir : maître Bertrand Volcas, doyen ; maître Germain, recteur »de l'Université ; maître Dieudonné Desprès ; Bérenger Arnaud, archi- »prêtre ; Pons de Vèzenobre, prieur de Saint-Marcel ; Hugues de Gila-

»briac, prieur de Saint-Vincent ; Guiraud Pierre, chanoine de Maguelone ; »Raymond de l'Orme, bayle et official de l'évêque ; et Bernard du Fesc, »exerçant les fonctions de notaire public pour l'évêché de Maguelone et le »comté de Melgueil, lequel a écrit et signé le présent acte [1].»

Tels sont les statuts dressés par l'évêque de Maguelone Jean de Montlaur II pour la Faculté des Arts de Montpellier. Ces statuts de **1242** paraissent avoir été calqués sur ceux que le cardinal Conrad avait donnés en **1220** à notre École de Médecine. L'évêque, dans le but de discipliner, en le retenant sous sa main, l'enseignement littéraire, aura sans doute cru devoir se borner à transcrire des prescriptions dont il avait constaté l'efficacité par mûre expérience. Il généralisait l'application d'un régime propre à assurer à l'autorité ecclésiastique la direction des diverses branches d'études scolaires dans son diocèse.

Ce règlement n'offre, du reste, rien de particulier, au sujet de l'enseignement proprement dit ; et cela se conçoit : la grammaire et la logique s'enseignaient alors d'après des méthodes presque uniformes, leur étude conduisant à l'ensemble des professions libérales, et servant de préparation à celle de la théologie, du droit et de la médecine indistinctement. Il n'y avait même pas, dans ce temps-là, comme de nos jours, diversité de systèmes d'éducation, tout l'enseignement littéraire se trouvant aux mains du clergé, soit dans les couvents, soit dans les chapitres des cathédrales. Arnaud de Verdale, un des plus doctes successeurs de Jean de Montlaur, exigera, en **1339**, la présence dans le cloître de Maguelone d'un maître apte à y tenir école [2], indépendamment de l'usage qu'on y pratiquait, d'envoyer à Montpellier suivre les cours universitaires un chanoine sur vingt.

On en était encore, en **1242**, au programme, plus ou moins fidèlement observé, du *trivium* et du *quadrivium* ; et les divers séjours de Raymond Lulle à Montpellier, — quoique notre ville ait été honorée de la première

---

[1] J'ai publié le texte original de ce document parmi les Pièces justificatives du tome III de mon *Histoire de la Commune de Montpellier*, d'une manière plus complète et plus exacte que ne l'avait fait Gariel. J'y renvoie, pour contrôle de ma traduction.

[2] « *Magistrum, qui scientiis canonicos Magalonenses instruat in ipsa Ecclesia.* » *Cartul. de Mag.*, reg. B, fol. 31. (Cf. *Arnaud de Verdale, évêque et chroniqueur*, pag. 6.)

expérience officielle de sa méthode, demeurée célèbre, — ne devaient guère modifier ce traditionnel état de choses. Il faudra aller jusqu'aux réformes qu'opéreront chez nous, dans l'enseignement, Casaubon et les Jésuites, pour rencontrer, à cet égard, de sérieuses innovations.

La division de l'enseignement en Grammaire et en Logique, ici formulée par Jean de Montlaur, représente, pour le premier groupe, ce que nous comprenons aujourd'hui sous le nom de classes de grammaire, d'humanités et de rhétorique, et, pour le second groupe, ce que nous appelons classes de philosophie et de sciences [1]. La maîtrise ès arts impliquait une capacité reconnue à la suite d'examens subis sur ces deux ordres d'études, et englobait nos deux baccalauréats ès lettres et ès sciences, — les sciences n'ayant commencé que fort tard en France à constituer une branche spéciale d'enseignement.

Les statuts de Jean de Montlaur nous font entrevoir, en outre, l'existence probable de plusieurs écoles affectées dans son diocèse à l'étude de la grammaire et de la logique, puisqu'il y mentionne à la fois des écoles de Montpellier et des écoles de Montpelliéret. Les couvents n'auront pas dû les renfermer toutes ; car certains articles réglementaires sembleraient faire allusion à des pensionnats tenus par des maîtres particuliers.

La ville de Montpellier se sera, selon apparence, spécialement intéressée à une de ces écoles, pour en faire une sorte de collège modèle. Elle l'installa, en 1461, dans un local qu'on dénomma, à cause de son importance prépondérante, l'École-mage (*Schola major*). Il était situé vers le milieu de la rue de la Blanquerie, sur une portion de l'emplacement aujourd'hui absorbé par l'hôpital Saint-Éloi [2] ; — de sorte que, si on assigne, dans le

---

[1] Mais de quelles sciences pouvait-il s'agir alors, quand nous lisons dans une lettre adressée en 1268 par le pape Clément IV au roi d'Aragon Jayme Ier, seigneur de Montpellier, que l'arithmétique elle-même était douteusement enseignée dans nos écoles ? « *Si quis vellet legere « arithmeticam, quæ nullo forsitan ibi tempore lecta fuit* ». Martène et Durand, *Thes. nov. anecdot*, II, 603.

[2] Le *Grand Thalamus* des archives municipales de Montpellier renferme, à cette date, fol. 165 v°, l'acte notarié d'acquisition de la maison où l'École-mage fut alors fixée ; mais l'École existait antérieurement, comme en fait foi un procès-verbal du 3 octobre 1454, rendant compte aux consuls d'un concours, qui venait de se terminer en faveur du maître ès

prochain transfert de notre Faculté des Lettres, l'aile droite de cet hôpital à nos exercices, comme on le projetait récemment, on nous restituera, par une singulière fortune, la place qu'occupaient à cet endroit même nos prédécesseurs du moyen âge. La chapelle qui s'y dresse aujourd'hui y a, en effet, succédé à la grande salle de l'École-mage, dont la rue d'à côté porte encore le nom.

Les cours y furent naturellement interrompus, lors des troubles religieux du XVIe siècle, l'École-mage ayant été envahie, dès l'origine, par les protestants, pour servir à leurs prédications ; — et quand, grâce à l'appui et aux largesses de Henri IV, leur reprise devint possible, la ville de Montpellier, par l'intermédiaire de ses consuls, mit à la tête de la nouvelle École, qu'elle logea provisoirement à l'ancien Collège du Pape, fondé en 1369 par Urbain V, au coin de la rue Saint-Matthieu, le maître fameux entre tous, Isaac Casaubon.

L'absence de documents ne me permet pas de préciser si, durant la période primitive, il en fut de Montpellier comme de Paris, où la logique domina dans l'enseignement, avec sa méthode accablante de raisonnement à outrance et sa pratique d'interminables disputes, — ou si la part y a été convenablement faite aux humanités. J'aimerais à le croire, eu égard à la

---

arts, bachelier ès lois, Jean Luc, pour l'office de directeur de l'établissement. Voy. aux mêmes Archives, carton coté *GG Université*, le parchemin original relatif à ce concours, où figure, comme recteur de l'Université des Arts, Raphaël Calvet, maître ès arts, licencié en médecine, et à titre d'assesseurs-examinateurs, Guillaume Meruen, maître ès arts et en médecine, Nicolas Cadier, également maître ès arts et en médecine, doyen de l'Université des Arts ; Adam Fumée, aussi maître ès arts et en médecine, et Gabriel Falcon ou Faucon, qualifié, à son tour, de maître ès arts et de bachelier en médecine : ce qui prouve à quel point la médecine dominait à Montpellier dans ce temps-là. Jean Luc y est dit avoir été examiné *primo de grammaticalibus, secundo de logicalibus, et tertio ac ultimo de philosophalibus, in quibus, et eorum singulis, nedum in materiis communibus, sed etiam subtilibus et perspicuis, multum eleganter, ac bene et subtiliter respondit.* — Antérieurement à Jean Luc, les mêmes Archives nous montrent, en 1450, un Robert Nollent, « maistre en arts, recteur des escolles de ceste ville de Montpellier, » réclamant auprès des consuls le reste du paiement de ses « gaiges ou pension », à partir de 1446, pour avoir enseigné les enfans venans auxdites escolles, en grammaire, logique, poetrie, et aultres sciences et bonnes meurs, » selon sa possibilité et la capacité desdits enfans, » à raison de trente livres tournois par an.

mention d'études grammaticales faite en première ligne dans le règlement de 1242. Mais rien ne me prouve qu'il en ait été réellement ainsi ; et je sais, au contraire, que les Sentences de Pierre-le-Lombard ont donné lieu, au couvent des Frères Mineurs de Montpellier, à un cours sérieux, dont je conserve dans ma bibliothèque le rarissime résumé, à l'état d'incunable.

Le manque de renseignements certains m'interdit également de me prononcer sur la situation où se trouvaient à Montpellier les études littéraires, quand François Ier établit à Nimes, en 1539, le « collége et université en toutes facultés de grammaire et des arts », dont la rivalité de Claude Baduel et de Guillaume Bigot a si fort entravé le développement. Mais il est notoire que Baduel, las de lutter contre les entreprises de ce collègue ombrageux, donna, durant toute la première partie de l'année 1547, des leçons à Montpellier[1]. Or Baduel figurait parmi les plus doctes représentants des idées de la Renaissance, et il aura dû être un de leurs plus ardents propagateurs dans notre monde universitaire. Je n'oserais dire qu'il a préparé chez nous directement les voies à Casaubon, eu égard au demi-siècle d'intervalle qui sépare leur présence respective dans notre ville. Il y a toutefois lieu, il me semble, de ne pas trop les isoler dans cet aperçu historique. Le Nimois Baduel a ensemencé notre terrain scolaire avant le Génevois Casaubon, et presque à la suite de Rabelais.

A la suite de Rabelais et de divers autres de sa savante génération, tels que l'Orléanais Étienne du Temple, que le *Liber procuratoris studiosorum* des Archives de notre Faculté de Médecine qualifie, à la date de 1527, de *vir profecto literarum omnium peritissimus, et latinæ linguæ pertinax* ; puis, à la date de 1529, le maître ès arts Grenoblois Antoine de Montlin, *qui Aristotelem universum legit*, et le Tournaisien Jacques des Maistres, *utriusque linguæ peritissimus.* Rabelais les rejoint à Montpellier, en 1530, et reviendra, en 1537, y expliquer professoralement les *Pronostics* d'Hippocrate, le texte grec en mains. En 1550 paraîtra Laurent Joubert ; en 1551 Charles de Lescluze ; en 1552 Félix Platter. Isaac Casaubon devait donc trouver Montpellier en pleine ferveur de rénovation littéraire, à son arrivée,

[1] Voy. Gaufrès; *Claude Baduel et la réforme des études au* XVIe *siècle*, pag. 135.

quoiqu'on ne puisse, faute de documents circonstanciés, jalonner avec précision la marche des nouvelles doctrines au sein de nos Écoles.

II.

Je ne reproduirai pas ici tout ce que j'ai publié, en 1871, concernant la restauration de l'enseignement littéraire à Montpellier après les troubles religieux du XVIe siècle. J'ai alors établi, conformément au programme que Casaubon transmettait de ses leçons à certains de ses amis, que notre École des Arts, renouvelée par lui, était une École mixte, où l'enseignement secondaire se mariait à l'enseignement supérieur.

Je ne puis cependant m'abstenir de rappeler les principales phases de cette Renaissance à jamais célèbre.

L'initiative de la restauration scolaire dont je parle émana des Protestants. Il était juste qu'après avoir détruit, ils réédifiassent. Ils ne le firent pas uniquement à leurs frais : les Catholiques s'associèrent à l'œuvre, et la part qu'ils y prirent fait l'éloge de leur tolérance religieuse. Des hommes moins accommodants ne se seraient pas ralliés comme eux à l'idée de confier la réorganisation de nos écoles littéraires de Montpellier au fils d'un pasteur Dauphinois, alors professeur à Genève.

Tout le monde connaît Isaac Casaubon. Casaubon, né à Genève en 1559, se trouvait, lorsque les habitants de Montpellier l'attirèrent parmi eux, en 1596, dans la vigueur de l'âge et du talent. Il joignait à une merveilleuse habitude du grec et du latin une rare pratique du droit, de la théologie et des langues orientales. Gendre de Henri Estienne, il puisa auprès de cette docte famille, comme une sorte d'héritage domestique, une étonnante aptitude à conférer entre eux les manuscrits des anciens auteurs, pour en retrouver la leçon originale. Personne n'excella plus que lui dans l'art de commenter les textes antiques ; et on a pu sans flatterie l'appeler le Phénix des érudits[1].

C'était l'homme qu'il fallait pour relever à Montpellier les études littéraires.

[1] Voy. ma Monographie de 1871, intitulée : *Isaac Casaubon à Montpellier*.

Les circonstances s'annonçaient favorables. Henri IV, après avoir pourvu aux premières nécessités de l'enseignement du droit et de la médecine parmi nous, venait de prescrire, le 9 juillet 1596, celui des arts libéraux, des lettres humaines, et des langues grecque et latine, dans le collége qui « jadis solloit estre en ladicte ville ». Un impôt sur le sel devait servir à réparer le bâtiment et à rétribuer les professeurs [1].

Henri IV n'ignorait pas qu'il n'y a pour une société de véritable rénovation qu'avec une bonne éducation littéraire. Il comprenait qu'à Montpellier particulièrement on n'arriverait à une complète résurrection qu'en éclairant et en humanisant les esprits. Aucun chef d'empire n'a peut-être jamais eu plus de foi dans la force fécondante des lettres, dans leur heureuse influence sur le développement et l'avenir d'un peuple.

Henri IV rencontrait là, du reste, un terrain convenablement préparé. Nos Calvinistes avaient, dès 1579, essayé de réveiller le goût des études. Ils avaient même, en voulant faire payer par la caisse municipale les régents

---

[1] Voici le texte de ces lettres de Henri IV ; son importance, comme document pédagogique et politique, m'impose le devoir de le transcrire.

« Henry, par la grâce de Dieu roy de France et de Navarre, à tous ceux qui ces presentes » lettres verront, salut,

» Les troubles et guerres civiles qui ont eu cours en ce Royaulme depuis long temps ont » tellement licentié et desbordé la jeunesse, qu'au lieu de s'employer aux bonnes lettres pour » façonner ses mœurs, elle s'est adonnée à toute liberté, dont journellement surviennent » escandalles ; pour à quoy obvier, et donner ordre qu'à l'advenir elle soit instituée aux exer- » cices vertueux, dont le vrai fondement consiste en la cognoissance des bonnes lettres, par » le moien desquelles on parvient à plus haute intelligence, pour après faire service au pu- » blicq, chacun sellon sa vocation ; sçavoir faisons que nous avons deslibéré de faire dresser » des seminaires des bonnes lettres et colleges ez bonnes villes de cestuy nostre Royaulme, » pour l'instruction de la jeunesse ez arts liberaux et sciences humaines, en estant nostre » ville de Montpellier au rang d'icelles et la seconde de nostre pays de Languedoc, proche de » plusieurs autres villes, bourgs et bourgades où il y a nombre de jeunes gens, lesquels, à » deffault d'ung collége, s'occupent ez choses viles, au dommage de nostre estat ; joinct que » ordinairement arrivent et abordent en ladicte ville plusieurs doctes et suffisants person- » naiges, lesquels demeurent inutiles au publicq et sans occupation. A ces causes, et pour » autres considerations à ce nous mouvans, avons voulleu et ordonné, voullons, ordonnons » et enjoignons aux consuls de ladicte ville de Montpellier, de faire remettre et restablir le » college que jadis solloit estre en ladicte ville, avec suffisant nombre de regents, pour l'in- » struction de la jeunesse ez dicts arts liberaux et lettres humaines, et ez langues grecque et

du Collège qu'ils songeaient à rétablir, résolu du premier coup le problème de l'instruction gratuite : car ils suivaient d'un œil jaloux les succès des Jésuites en matière d'éducation.

Rien de précis dans nos archives sur le résultat de cet essai. Je suis porté à croire qu'il n'aura pas répondu à l'attente de ses auteurs ; car j'apprends, par la correspondance d'Isaac Casaubon, que des ouvertures pour l'amener à Montpellier lui furent faites dès l'année 1594, avant même qu'on pût compter sur l'appui de Henri IV [1].

Casaubon, un peu inconstant par nature, commençait à se lasser du séjour de Genève. Le gouvernement de cette république, obéré, endetté, lui marchandait, avec la juste rémunération de son enseignement, les moyens de faire vivre sa famille. Il écouta donc les propositions que lui adressèrent, pour l'avoir auprès d'eux, les habitants de Montpellier. —

Mais la ville de Montpellier, éprouvée par plus de trente ans de luttes intérieures, qui, en détruisant son commerce et son industrie, avaient ruiné ses finances, ne se trouvait pas alors plus prospère que celle de Genève. Elle crut faire beaucoup en offrant à Casaubon deux cents écus, ou six cents

---

» latine, en telle sorte qu'on la puisse rendre capable des autres sciences. A cest effect, mandons au gouverneur dudict Montpellier, ou son lieutenant, d'y pourvoir diligemment, et » faire contraindre lesdicts consuls à l'exécution de ce que dessus, et à nostre procureur » estably audict gouvernement faire toutes les poursuites necessaires. Et affin que lesdicts » regents puissent estre entretenus et deuement stipendiés, de nostre grace speciale, pleine » puissance et authorité royale, avons aussi ordonné, voullons et nous plait qu'il sera mis » sus une creue de douze deniers sur chacun quintal de sel qui sera debité ez dix sept gre» niers establis et ordonnés audict pays de Languedoc, les habitants duquel pourront tirer » commodité dudict college, pour estre les deniers qui proviendront de ladicte creue employés » aux reparations dudict college, et à l'entretenement et salaire desdits regents, et non ail» leurs. Sy donnons en mandement à nos amés et feaux conseillers les commissaires deputés » pour le reglement de nos gabelles audict pays, gens tenans nostre cour des Aydes, et tre» soriers generaux de France establis audict Montpellier, que ces lettres ils enterrinent, et du » contenu fassent, souffrent et laissent jouir pleinement lesdicts consuls de Montpellier..... Car » tel est nostre plaisir.....

» Donné à Paris, le neufviéme jour de juillet, l'an de grace mil v^{c} IIII^{xx} et seize, et de nostre » regne le septiéme. — Henry. »

Arch. mun. de Montp. *Gr. Thal.*, fol. 317 v°.

[1] Voy. ma Monographie de 1871, déjà citée, pag. 8

livres de rétribution annuelle, avec logement et autres accessoires. Casaubon hésita longtemps : la négociation, engagée dès le mois de mai 1594, ne fut menée à terme qu'en septembre 1596. Et encore fallut-il, pour en ménager le succès, agrandir la position promise au futur professeur. L'Académie de Nimes nous le disputait; et il était à craindre que Casaubon n'optât en faveur de cet autre foyer du Protestantisme.

Casaubon finit par donner la préférence à Montpellier. Guillaume Ranchin, qui avait, de concert avec le ministre Jean Gigord, entrepris l'affaire, l'en pressait beaucoup ; et à ses instances se joignaient les prières de quelques autres amis, du sieur De Fresnes, Philippe de Canaye, particulièrement, à qui il avait dédié, en 1594, son édition de Suétone.

Philippe de Canaye, qui devait être plus tard ambassadeur à Venise, et mourir catholique, — conversion dont on impute l'origine à l'effet que produisirent sur lui les arguments de l'évêque d'Évreux Du Perron, dans la célèbre conférence qu'il eut à Fontainebleau, en 1600, avec Du Plessis-Mornay, — comptait alors parmi les chefs les plus considérables et les plus doctes du calvinisme. Henri IV le nomma, en 1594, président de la section protestante de la Chambre mi-partie de Castres, où son caractère, essentiellement honnête et juste, lui mérita l'estime universelle. Ce fut lui qui avec Guillaume Ranchin, avocat général à notre Cour des Aides, en même temps que professeur à notre École de Droit de Montpellier, eut les honneurs de la détermination de Casaubon.

Casaubon ne voulut pas, toutefois, assumer seul la responsabilité d'une si importante décision. Il en délibéra avec sa femme, après avoir pieusement invoqué, comme il nous le dit, l'assistance divine [1]. Pour ces grands esprits du XVIe siècle, la religion primait tout, et ils ne se croyaient pas le droit de séparer ses intérêts de leurs intérêts propres.

Casaubon arriva à Montpellier à la fin de l'année 1596, et y fut accueilli presque triomphalement. Les consuls allèrent, avec l'élite de la bourgeoisie

---

[1] « *Dei primum invocato nomine, dein cum jucundissima conjuge re deliberata, cepi mox consilium Deum sequi vocantem.* » Lettre de Casaubon à Philippe de Canaye, du 23 septembre 1596. *Isaac. Casaub. Epist.*, pag. 54, édit. Janson d'Almeloveen ; Rotterdam, 1709.

et de la magistrature, à sa rencontre, jusqu'à un mille au-delà de leurs murs.

C'était un peu tard, pour l'impatience des familles et pour la reprise des études; car on l'attendait, avant de rien organiser. — Une commission fut aussitôt nommée, qui devait, d'accord avec l'administration municipale, fournir à l'éminent professeur les moyens d'entrer vite en fonction.

La commission se composa de huit notables, pris par moitié dans chacune des deux religions, et qui reçurent le titre d'intendant. C'était le nom qu'on donnait alors d'ordinaire aux délégués auxquels incombait une charge de ce genre. Ces intendants furent, du côté des Protestants, Jean Philippi, conseiller du roi, et président à la Cour des Aides; Jean de Fontanon, également conseiller du roi, et maître à la Chambre des Comptes; Guillaume Ranchin, que j'ai déjà désigné comme avocat général à la Cour des Aides, et comme professeur à l'École de Droit; et Jean Gigord, « ministre de la parole de Dieu » : — du côté des Catholiques, Pierre Tuffani, conseiller du roi, président à la Chambre des Comptes; Jean de Rochemore, sieur de Bernis, lieutenant principal au Gouvernement de Montpellier; François de Valobscure, conseiller au Présidial; et finalement le chanoine Guillot de Pollet, prévôt du Chapitre de la Cathédrale de Montpellier.

Les Catholiques ne sentaient pas moins que les Protestants le besoin d'une bonne éducation, et, ne pouvant encore confier aux Jésuites leurs enfants, ils se ralliaient à l'idée d'en charger un chrétien et un savant comme Casaubon, étranger par sa naissance et par ses relations à toutes coteries malencontreuses.

La Commission dont j'ai énuméré les membres avait pouvoir de s'occuper de la réparation des bâtiments de l'ancienne École-mage, du choix des régents « sans distinction de religion », et de la fixation de leurs honoraires [1].

Casaubon eut la meilleure part: on lui assigna deux cent soixante-six écus et deux tiers, d'émoluments annuels (800 livres) [2], avec droit à un

[1] Arch. mun. de Montp., carton coté *GG Université*. Délibérations relatives au Collège, de 1597 à 1614.

[2] On avait promis la même somme à un Imbert Bertrand, qui avait pris la direction du Collège en 1579. Arch. mun. de Montp., carton coté *GG Université*.

logement et à divers autres avantages ; — traitement qui paraîtrait aujourd'hui assez mince, mais qui l'était moins à cette époque, eu égard à la plus-value des espèces monétaires, surtout après l'enchaînement de malheurs publics dont avaient eu à souffrir toutes les fortunes. — Casaubon allait se trouver aussi riche, avec ses huit cents livres de 1596, qu'un professeur qui recevrait de nos jours une dizaine de mille francs.

Henri IV ne crut-il pas faire un acte de libérale justice en élevant de quatre cents à six cents livres les honoraires de nos professeurs de médecine?

On donnait, du reste, à Casaubon, tout comme à ceux-ci, le titre de conseiller du roi, et on y ajoutait celui de professeur stipendié pour les langues et bonnes lettres, avec une sorte de monopole de cet enseignement, excluant la coexistence de tout autre collège du même genre dans le diocèse de Montpellier [1].

La position du directeur ainsi assurée, on lui adjoignit pour auxiliaires cinq régents. Ils s'installèrent ensemble, je l'ai déjà mentionné, au Collège

[1] Lettres de Henri IV, du 25 août 1597, Arch. départ. de l'Hérault, fonds des Jésuites de Montpellier, original sur parchemin. — Voici le texte encore inédit de ce document :

« Henry, par la grace de Dieu roy de France et de Navarre, à noz amés et feaulx conseillers, les gens tenans nostre Chambre my partie establie à Castres pour le ressort de nostre Cour de parlement de Toulouse et nostre Cour des Aydes à Montpellier, et à chacun d'eulx qu'il apartiendra, salut.

» Les consulz et habitans de nostre ville de Montpellier nous ont fait remonstrer que leur ayant cy devant accordé une creue d'un sol sur chacun quintal qui se debite es dix sept greniers à sel de nostre pays de Languedoc, pour employer à l'establissement d'ung college et à l'entretenement de gens de sçavoir, propres pour instruire la jeunesse aux artz liberaux et sciences humaines, ils auroient apellé en nostre ville de Montpellier nostre bien amé Ysac Casaubon, et à icelluy constitué deux cens soixante six escuz deux tiers de gaiges, avec quelques commodités pour son entretenement et de sa famille, du sçavoir et doctrine duquel la jeunesse pourra cullir beaucoup de fruict ; et affin que ce soit chose qui reussisse à l'utillité du general de nostre pays de Languedoc, et que ledict Casaubon aye plus de moyen de verser en sa proffession avec honneur et dignité, ilz desirent que ledict sallaire à luy constitué soit par nous confirmé, et que nostre bon plaisir soit d'honnorer ledict Casaubon de tiltre correspondant à son merite. Pour ce est-il que nous, voullant tesmoigner à nos subjectz l'affection que nous avons à l'advancement des bonnes lettres, à l'imitation de nos predecesseurs roys, avons par ces presentes, signées de nostre main, loué et agréé, aprouvons et authorizons ledit estat et entretenement de CCLXVI escuz accordé audict Casaubon, lequel sera continué tant et si longuement qu'il vacquera à ladicte charge ; et

du Pape, alors vide de ses hôtes du diocèse de Mende, pour lesquels Urbain V l'avait fondé ; et bientôt put commencer leur enseignement.

L'ouverture de celui de Casaubon se fit vers le milieu de février de l'année 1597. Ses premières leçons furent affectées à l'étude des magistratures romaines [1]. Les applaudissements n'y manquèrent pas ; et l'illustre érudit compta parmi ses auditeurs les plus sympathiques de nombreux magistrats, tels que Philippi, Ranchin, de Massilian [2], etc. On le qualifiait, à ce début, de « professeur d'histoire et d'éloquence [3]. »

Casaubon, en s'élevant ainsi tout d'abord dans les hautes régions de l'enseignement, laissait selon apparence, aux cinq régents placés sous ses ordres le soin des premières études. — Cette répartition du travail s'est maintenue pour beaucoup de nos collèges communaux, où le Principal a coutume de se réserver une des classes supérieures : et nous verrons chez les Jésuites,

---

» voullant recognoistre la vertu et louables partyes qui sont en lùy, et inviter les autres à son » exemple de se rendre capables de telles charges, avons donné et attribuons par ces pre- » sentes audict Casaubon le tiltre de nostre conseillier et proffesseur stipendié aux langues et » bonnes lettres. Ordonnous et nous plaist qu'il soit payé dudit estat des deniers provenans » de ladicte creue d'ung sol, laquelle nous entendons estre levée comme elle est à present, » suivant les provisions qui en ont esté expediées, par vous veriffiées, affin que ledit college » serve à tout ledict pays, attendu qu'il y a en ladicte ville Université en loys et medecine, » outre qu'elle est composée de cours souveraines et autres, qui la rendent tant plus com- » mode pour l'instrucion de la jeunesse ; et par ce moyen ledict pays sera soullagé de l'im- » position d'autres creues sur le sel dont il pourroit estre chargé, par l'establissement d'au- » tres colleges, qui n'aporteroient que confusion et despence audict pays. Si mandons et en- » joignons à chacun de vous proceder à la veriffication des presentes, et du contenu faire, » souffrir et laisser jouir plainement lesdicts habitans de Montpellier, ensemble ledict Ca- » saubon, cessans et faisans cesser tous empechemens au contraire, nonobstant oppositions » ou apellations, et quelzconques ordonnances, mandemens, deffenses et lettres à ce con- » traires, ausquelles nous avons derogé et derogeons ; car tel est nostre plaisir.

» Donné au camp d'Amyens, le xxve jour d'aoust, l'an de grace mil cinq cens quatre vingtz » dix sept, et de nostre regne le neufviesme.

» Par le Roy. »

[1] « *Suscepimus tractandum antiquitatis Romanæ locum de Magistratibus ejus Reipublicæ ; opus profecto arduum, et virium prorsus non istarum* ». (Lettre de Casaubon à Théodore de Bèze, ap. Janson d'Almeloveen ; Rotterdam, 1709, in-fol. *Isaac. Casaubon. Epist.*, pag. 64.

[2] *Isaac. Casaubon. Epist.*, pag. 64.

[3] Eléazar Pereldus lui donna ce titre dans une lettre du 14 juin 1597. *Ibid.*, pag. 649.

à leur tour, quand ils se seront approprié le Collège de Montpellier, deux chaires magistrales de professeurs ès arts et deux chaires de théologie fonctionner, en vue de la préparation aux grades, et, qui plus est, de leur collation.

La différence entre les divers ordres d'enseignement n'apparaissait pas encore aussi bien assise, à la fin du XVIe siècle, qu'elle l'est aujourd'hui ; et il n'y a, conséquemment, pas lieu de s'étonner du rôle que se donne ici Casaubon. Nous manquons, d'ailleurs, de détails assez précis touchant la marche du Collège confié à sa direction, pour pouvoir juger convenablement cet état de choses. Mais tout semble nous inviter à assimiler sa position à celle des professeurs des Facultés des Lettres actuels[1]. On exigera bientôt des successeurs de Casaubon, comme de nous aujourd'hui, un certain nombre de leçons publiques. L'art de la parole a traditionnellement été goûté en France. Caton l'ancien ne disait-il pas déjà combien nos ancêtres les Gaulois prisaient le fluement parler (*argute loqui*) ?

Cependant Casaubon, qui avait cru le séjour de Montpellier favorable à sa santé, ne la voyait aucunement se raffermir. Il n'en travaillait pas, toutefois, avec moins d'ardeur, consacrant à lire, à méditer les Saintes Écritures et les ouvrages de Sénèque les loisirs que lui laissait son cours ; se remettant à son Athénée, dont la recension et l'élucidation, entreprises à Genève, furent achevées à Montpellier ; entretenant avec ses amis une correspondance des plus actives ; mettant en train le précieux Journal de sa vie, qui, sous le titre d'*Éphémérides*, nous fait si bien pénétrer dans son intérieur. La popularité dont avait joui aux premiers jours son enseignement

---

[1] « *Tractamus enim publice, in eruditissimorum hominum et maximæ dignitatis cœtu, leges a Cicerone scriptas, lib. III de Legibus, quibus descriptio continetur omnium populi Romani Magistratuum. Tractamus sic, ut quod in nobis sit, nihil ad ornandam spartam nostram omittamus.* » Lettre à Jacques Bongars, du 1er mars 1597, ap. *Isaac. Casaub. Epist.*, édit. de 1709, pag. 65. — « *Non enim cum pueris, ac ne cum adolescentibus quidem, hic nobis res est.* » Lettre à Isaïe Colladon, du 19 mars de la même année. *Ibid.*, pag. 67. — « *Instituimus, in nova hac professione auspicanda, illustrem antiquitatis locum de Magistratibus populi Romani publice interpretari; et jam mensis alter est, quod incepimus : quo successu, non scio, cura certe et diligentia non mediocri,* » Lettre du 21 mars à Jacques-Auguste De Thou, *Ibid.*, pag. 68.

se maintenait ; et, sauf quelques réserves, Montpellier lui paraissait encore la résidence la plus convenable à ses goûts. Il eût volontiers dit alors, comme son ami Joseph Scaliger, parlant de notre ville : *Ille terrarum mihi prœter omnes angulus ridet.* Peut être même eût-il ajouté, avec l'illustre professeur de Leyde : *Si meis auspiciis vitam meam ducerem, illum solum nidum senectœ mihi optarem.*

Casaubon se sentait si bien dans son centre à Montpellier, qu'il s'efforçait d'y attirer Jacques Lect [1] et Denis Godefroy [2], pour y restaurer de concert l'enseignement jurisprudentiel, et y retenir les étudiants calvinistes, qu'on ne pouvait sans de graves dangers, croyait-il, envoyer à l'Université de Toulouse [3]. Cette adjonction eût été non-seulement profitable à notre jeunesse protestante, mais efficace comme moyen de faire concurrence à l'Académie de Nimes, où l'on venait de traiter avec Jules Pacius, pour la direction du Collège.

L'administration municipale de Montpellier recula devant de nouveaux sacrifices, et Lect resta à Genève, en même temps que Godefroy à Strasbourg, d'où il devait bientôt aller professer le droit à Heidelberg.

Casaubon n'avait pas besoin de ce mécompte. Il commençait à se lamenter de ne pas rencontrer à Montpellier de suffisants moyens de publication pour ses travaux ; et nos consuls, de leur côté, semblaient chercher à restreindre la mise à exécution des promesses qu'ils lui avaient faites.

La ville de Montpellier n'était pas alors très généreuse envers les savants ; et elle se trouvait, d'ailleurs, presque dans l'impossibilité de l'être, à cause de ses embarras financiers. L'impôt sur le sel, destiné par Henri IV à subvenir aux nécessités du Collège, rentrait péniblement, et ne se percevait parfois qu'avec un notable déficit : grave sujet de difficultés, à une époque où l'on

[1] Jacques Lect, célèbre surtout comme jurisconsulte, professait alors avec beaucoup de distinction à Genève, sa patrie, le droit et la littérature. Il a publié de nombreux ouvrages juridiques, théologiques et littéraires, dont on trouve la liste dans l'*Histoire littéraire de Genève*, par Jean Sennebier, II, 59.

[2] Denis Godefroy, autre jurisconsulte en renom, enseignait, quoique Parisien de naissance, le droit à Strasbourg. Son *Corpus juris civilis* fait époque dans l'histoire de la jurisprudence.

[3] Voy. ma Monographie intitulée *Isaac Casaubon à Montpellier*, pag. 27.

avait si peu de moyens de compenser une ressource par une autre, et où les villes, faute de budgets réguliers, vivaient encore au jour le jour.

Non-seulement donc notre administration municipale résista à Casaubon pour l'appel qu'il adressait à Lect et à Godefroy, mais elle lésina jusqu'à lui disputer la juste rémunération de ses labeurs.

On entreprit, par surcroît, de lui faire payer les lettres de naturalisation propres à lui permettre d'enseigner et de posséder en France, ainsi que le Privilège royal nécessaire pour la publication de ses ouvrages ; on voulut les lui faire payer cinquante écus, — près du cinquième de son traitement, — et encore prétendait-on lui octroyer une faveur. On ne réussit qu'à raviver, par cette accumulation de maladresses, son amour à l'égard de la Suisse ; et Casaubon ne tarda guère à manifester le désir d'y retourner [1].

Il finit par se déterminer, de préférence, pour Paris.

L'administration municipale eut beau élever son traitement de huit cents livres à mille livres, afin de le retenir à Montpellier : Casaubon s'était senti blessé au cœur ; son projet de départ était déjà presque arrêté.

La mise à exécution en fut hâtée par la pensée qu'eut Henri IV de lui confier la chaire de grec et de littérature du Collège de France. Le roi s'en laissa détourner par les obstacles qu'il rencontra à sa réalisation. Mais, en échange, il devait donner finalement à Casaubon la place importante de garde de sa bibliothèque ; et notre éminent professeur n'en allait pas moins quitter Montpellier.

Ses dernières leçons y embrassèrent, en septembre 1598, à la reprise des cours qu'avaient interrompus les vacances, l'explication de la première ode de Pindare et des lettres de Cicéron à Atticus. Il dit, bientôt après, poliment adieu à nos consuls, et partit, le 26 février 1599.

Casaubon venait de passer à peine deux ans à Montpellier ; assez pour y ranimer les études, mais trop peu pour pouvoir y constituer un véritable enseignement. C'était plutôt une impulsion donnée, qu'une fondation durablement accomplie.

Les ressources financières, si difficiles à rétablir, à la suite de tant de

[1] Voy. ma Monographie intitulée *Isaac Casaubon à Montpellier*, pag. 30-34.

bouleversements politiques et religieux, n'avaient pu encore s'élever dans notre ville à la hauteur de tous les besoins ; et il n'appartenait, en telle situation, qu'à des hommes pénétrés de l'esprit de sacrifice, de remédier, à force de dévouement, à leur insuffisance. Ce manque d'argent n'explique sans doute pas, à lui seul, l'abandon à Montpellier de l'éducation de la jeunesse aux Jésuites; mais il contribue à en rendre raison, joint à la persévérante volonté et au zèle infatigable de l'évêque Pierre Fenolliet.

Le séjour de Casaubon, si peu prolongé qu'il ait été parmi nous, n'y marque pas moins une étape de Renaissance littéraire. Quel effet ne devait pas produire, indépendamment des leçons mêmes d'un maître expert comme lui dans la connaissance de l'antiquité, l'action quotidienne d'un savant de ce mérite, qui, tout en poursuivant ses travaux d'érudition, correspondait avec la plupart des hommes d'élite de l'Europe, à propos de littérature ou d'histoire, d'interprétation de textes, soit latins, soit grecs, soit hébreux, syriaques et autres : merveilleux échange d'influence, auquel nos esprits supérieurs, alors plus nombreux qu'on ne le croit, ne pouvaient demeurer indifférents !

Ce n'est donc pas uniquement la direction imprimée par Isaac Casaubon à notre enseignement littéraire qu'il convient d'observer ici, mais en même temps, et surtout, la rénovation de l'atmosphère intellectuelle de Montpellier.

III.

Les successeurs de Casaubon dans la direction de nos études littéraires furent loin de le lui disputer en renommée. — C'est d'abord Escat, au sujet duquel l'histoire ne nous apprend rien, sinon qu'il s'engagea à faire chaque jour deux leçons de philosophie, en vue de la préparation à la maîtrise ès arts. Puis, c'est le Béarnais De la Grange, auteur d'ouvrages attestant son dévouement patriotique à Henri IV. Il dirigeait notre Faculté des Arts, lorsque, au mois de juin de l'année 1600, elle fut transférée du Collège du Pape dans une maison de l'île Cézelli, léguée par Jean Christol, et incorporée aux constructions postérieurement faites à l'usage du lycée, à l'endroit où s'élève l'église Notre-Dame d'aujourd'hui.

Les études continuèrent de se régulariser sous cette nouvelle administration. Les régences supérieures furent mises au concours. On n'agréa pour les remplir que des maîtres exercés à la pratique de la versification et de la langue grecque ; et on distribua des prix, pour clore dignement l'année scolaire.

La liste de ces récompenses décernées aux meilleurs élèves nous est parvenue ; et, à défaut de renseignements plus précis, elle est de nature à laisser entrevoir quel genre d'impulsion on donnait alors aux travaux de nos jeunes gens. J'y relève l'indication des volumes dont voici les titres : Grammaires grecques de Clénard et de Scott ; — Apophtegmes de Lycosthènes ; — Extraits de Manuce ; — Despautère (Van Pauteren) latin-français ; — Antiquités romaines de Rosin ; — Adversaria de Turnèbe ; — Épîtres de Jean Ravisius ; — Épîtres d'Érasme ; — Dialogues de Vivès ; — Emblèmes d'Alciat ; — Natalis Comes ; — Alessandro Alessandri ; — Polydore Virgile ; — Pindare grec-latin ; — Organon d'Aristote, avec commentaire de Pacius ; — Horace, annoté par Lambin, etc. — Les volumes de prix étaient reliés et ornés de rubans [1].

Tels étaient les moules littéraires où se façonnaient alors les esprits de nos élèves. Rien de précisément original ; c'était à Montpellier comme presque partout ailleurs.

Aussi me permettrai-je de recommander aux érudits désireux de détails concernant ce système d'éducation, la lecture des Statuts que promulgua Henri IV, en 1598, pour la réforme de l'Université de Paris. L'excellente analyse qu'en a donnée M. Jourdain, mon savant confrère de l'Institut [2], laissera deviner ce qu'ont négligé de nous apprendre plus minutieusement les notes de nos archives locales. Je craindrais, en la reproduisant ici, de me mettre parfois en contradiction avec l'exacte vérité, si, comme je le présume, on a cru devoir s'écarter chez nous, sur un certain nombre d'articles, des règles prescrites par la charte scolaire parisienne. La différence de

---

[1] Arch. mun. de Montp. Sacs de 1600 à 1629, Comptabilité. Cf. Faucillon ; *La Faculté des Arts de Montpellier*, pag. 19.

[2] Voy. *Histoire de l'Université de Paris, au* XVIIe *et au* XVIIIe *siècle*, tom. I, pag. 12-25, et Pièces justificatives, pag. 3-7.

coutumes et de climat suffirait à m'imposer à cet égard une prudente réserve. On ne peut sérieusement garantir là-dessus qu'une analogie approximative.

On voit, en outre, par cette liste de livres de prix de 1601, à quel point l'enseignement supérieur se trouvait encore soudé à l'enseignement secondaire. Leur séparation n'existait, pour ainsi dire, pas : et cela ne pourra paraître extraordinaire à quiconque aura observé le peu d'intervalle qu'il continuait à y avoir, même au commencement de notre XIXe siècle, entre l'enseignement des lycées et celui des Facultés des Lettres issues de la primitive organisation universitaire de 1808. Les cours de littérature n'y étaient guère, en général, qu'une reprise approfondie des études des hautes classes. La différence des deux ordres d'enseignement s'est dessinée plus tard, grâce à la féconde direction imprimée aux cours de la Sorbonne par les éminents professeurs que nous avons applaudis, et que nous avons ensuite plus ou moins heureusement imités. On tend, toutefois, à revenir actuellement, avec la préférence assignée à la stricte préparation aux grades, à la même délimitation indécise des premiers jours.

De la Grange se retira découragé, comme Escat et comme Casaubon. La ville de Montpellier n'avait pu encore sortir de l'appauvrissement infligé à ses finances par ses discordes intestines. Elle se voyait, conséquemment, contrainte de marchander à nos professeurs ses sacrifices. Quand disparut le Hessois Anne Rulman, qui prit après De la Grange la direction du Collège, qu'il garda seulement deux ans, les deux régents de philosophie, Georges Scharpe et Philibert Michallet, percevaient 400 livres de traitement chacun ; le régent de rhétorique touchait 300 livres ; celui de seconde, 250 livres ; celui de troisième, 210 livres ; celui de quatrième et celui de cinquième, 180 livres ; celui de sixième, 150 livres [1].

La présence de deux régents de philosophie à notre Collège au commencement du XVIIe siècle, s'explique par les soins assidus que nécessitait la préparation des élèves au grade, de jour en jour plus sérieux, de maître ès arts, et surtout par la prétention des Catholiques à avoir, comme les

---

[1] Arch. mun. de Montp. Comptabilité, sac de 1603.

Protestants, un enseignement conforme à leurs croyances. La Philosophie tenait alors essentiellement à la Religion.

On adopta pour les classes subséquentes un autre mode de partage : les régents de seconde, de quatrième et de sixième durent être calvinistes, tandis que ceux de rhétorique, de troisième et de cinquième seraient catholiques [1]. Le principal (nous dirions aujourd'hui le Proviseur) continuant à être calviniste, la prépondérance demeurait aux Protestants ; mais le Collège n'en devenait pas moins mi-parti.

Pierre Lamerens, précédemment régent de seconde, avec traitement de 250 livres, passa, en 1604, au principalat, et on lui assigna 600 livres ; témoignage du zèle qu'apportait progressivement le Conseil de ville, d'accord avec les intendants du Collège, à rémunérer et à encourager le travail. Mais l'évêque, du même coup, revendiqua ses anciens droits sur la collation des grades.

La question, toutefois, ne fut vraiment posée qu'à la suite de la publication des lettres patentes de Henri IV, du mois de novembre 1607, document capital, dont il importe de méditer le contenu. C'est, d'ailleurs, un nouveau témoignage des soins que prodigua le glorieux restaurateur de nos Écoles pour le relèvement des études.

Henri IV rappelle, dans ces lettres, que le Collège de Montpellier, rétabli par les consuls, « jadis soulloit estre en icelle ville pour l'instruction de la »jeunesse ès arts libéraux et lettres humaines, langues grecque et latine, »pour par le moyen d'icelles se rendre capable ès autres sciences ». Il ajoute que durant les dix dernières années tous les écoliers y avaient fait de grands progrès ; que, néanmoins, les régents se refusaient à les recevoir maîtres ès arts, les lettres patentes du 9 juillet 1596 ne leur en donnant pas le droit. Henri IV le leur accorde, dans les termes suivants :

«Declarons nostre intention avoir esté, comme encore est à present, que »le principal, superieur des regents, et autres, qui ont surintendance et »charge audit College, puissent conferer les degrés de maistrise ès arts aux

[1] Arch. mun. de Montp., carton coté GG *Université*. Délibérations relatives au Collège, de 1597 à 1614, procès-verbal du 1er août 1604.

»ecoliers etudiants en icelui, sans les rechercher ailleurs, selon toutefois »les usaiges et formes accoustumées estre gardées en tel cas ès autres uni- »versités dudit pays : ce que dès à present leur permettons faire, sans que »aulcun d'eux y puisse estre troublé ou empesché en aulcune manière, pourveu »toutesfois que ce soit du gré et consentement des recteur, docteurs, regents, »supposts et membres de ladite Université de Montpellier [1]. »

---

[1] Voici, pour plus de sûreté de renseignement, le texte original de ces lettres royales du mois de novembre 1607 :

« Henry, par la grace de Dieu roy de France et de Navarre, à tous presents et advenir, » salut.

» Nous avons, pour plusieurs bonnes considerations, par nos lettres patentes du neufviesme » juillet quatre vingts seitze, permis à nos chers et bien amés les consuls de la ville de » Montpellier restablir le colliège, avec nombre suffisant de regents, lequel jadis soulloit estre » en icelle ville pour l'instruction de la jeunesse ès arts liberaux et lettres humaines, langues » grecque et latine, pour par le moyen d'icelles se rendre capables ez aultres sciences. A » quoy lesdits consuls se seroient si dignement portés, que ladicte ville en peut ressentir le » fruict, s'estans leurs enfans et des pais circonvoisins renduz sy advancez, que à present » ne reste plus en quelques ungs, sinon la recompance de leurs estudes et la mestrise ez » arts, dont chacun a faict sa proffession. Mais les consuls nous ont faict dire que lesdicts » regents et ceulx ausquels appartient audict colliège conferer la dignité de ces degrés ne » veullent entreprendre le pouvoir et authorité, pour n'avoir esté par inadvertance couché et » employé en l'expedition de nosdictes lettres, chose toutesfois sy necessere, qu'en vain » seroit le travail et soing desdicts regents et le labeur des escolliers estudians, s'ils ne pou- » voient parvenir au degré de maistrise, et auxdicts regents pouvoir leur donner sellon leurs » capacités, pour parvenir puis après aux autres sciences ; et sur ce nous ont requis très » humblement leur pourvoir. Sçavoir faisons que voulans ne laisser ung sy bel œuvre com- » mancé à la dilligence desdicts consuls, quy regarde l'utillité publicque, imparfaict, et esti- » muler les ungs et les autres des regents et escolliers respectivement à bien faire, de l'advis » de nostre Conseil, quy a veu lesdictes lettres patentes, dont coppie collationnée est cy atta- » chée soubz le contrescel de nostre chancelier, avons dict et declairé, et de noz certaine » science, plaine puissance et authorité royale disons et declairons nostre intention avoir esté » lors de ladicte permission, comme encores est à present, que le principal superieur des re- » gents, et autres quy ont surintendance et charge audict colliège, puissent conferer les degrés » de maistrise ès arts aux escolliers estudians en icelluy, sans les recercher ailleurs, selon » toutesfois les usaiges et formes accoustumées estre gardées en tel cas ès autres Univer- » sités dudict pais ; ce que dès à present leur permettons faire, sans que aulcung d'eux y » puisse estre troublé ou empeché en aulcune manière ; imposant sur ce sillence à nostre » procureur general, ses substituts, presants et advenir, pourveu toutesfois que ce soit du gré » et consentement des recteur, docteurs, regents, suppostz et membres de ladicte Université » de Montpellier. Sy donnons en mandement au gouverneur de Montpellier, ou son lieutenant,

Ces lettres de Henri IV autorisaient donc le personnel professoral du Collège de Montpellier à conférer la maîtrise ès arts, — à peu près comme certains de ses fonctionnaires y ont postérieurement conféré le baccalauréat, jusqu'au rétablissement de la Faculté des Lettres, en 1839.

Le Collège faisait alors office de Faculté, — je ne saurais trop le redire ; — et ce double caractère lui fut maintenu pendant toute la période qui a précédé sa suppression en 1792. L'histoire de la Faculté des Arts de Montpellier est, par suite, inséparable de celle du Collège.

Ce cachet d'école mixte reçut bientôt sa justification par le règlement qui fut dressé en 1608, et qui est intitulé dans nos archives municipales « *Lois de l'Académie de philosophie et de philologie de Montpellier* ».

Ce petit code scolaire se divise en deux parties. La première, formée de huit articles, a trait aux écoliers ; la seconde, en quatorze articles, concerne les professeurs. — Le document prescrit d'abord des mesures d'ordre, au sujet de l'inscription et de l'assiduité des élèves, au sujet des leçons et des examens, des prix à décerner, des matières d'enseignement, etc. On y mentionne l'existence d'un modérateur, et celle d'octumvirs, pour désigner les huit intendants, qu'on appellerait aujourd'hui le bureau du Collège. Le modérateur, chef naturel de l'Académie, représente ici, sous une appellation protestante, le principal ou proviseur du Collège. Il était chargé, indépendamment de la direction, de faire des leçons, auxquelles tous les écoliers en philosophie devaient assister.

Les études philosophiques étaient, en effet, réputées capitales. Elles occupaient deux années, l'une consacrée spécialement à la logique, l'autre affectée à la physique, ou aux sciences en général. A la fin de chacune de ces deux années, figurait un examen, correspondant à nos baccalauréats et à nos licences d'aujourd'hui.

L'ensemble de l'enseignement embrassait la grammaire, avec obligation

---

» ces presentes faire registrer, et du contenu faire jouir et user lesdicts consuls, principal, » regents, et tous ceux qu'il appartiendra.... Car tel est nostre plaisir....

» Donné à Fontainebleau, au mois de novembre, l'an de grace mil six cens sept, et de nostre » regne le dixneufviesme. »

Arch. mun. de Montp., *Gr. Thal.*, fol. 336 v°

de ne jamais parler que latin dans l'enceinte du Collége, la rhétorique, la logique, la métaphysique, l'éthique, la politique, les éléments d'Euclide et la sphère de Sacrobosco.

Voici, à l'usage de ceux de mes lecteurs qui aiment à approfondir les questions de pédagogie, le texte même du règlement scolaire de 1608. Je l'emprunte au Registre demeuré inédit des délibérations relatives au Collége de Montpellier, de 1597 à 1614, que possédent nos archives municipales[1].

LEGES SANCITÆ ET RESANCITÆ, ANNO MDCVIII-MDCIX, IN USUM ACADEMIÆ MONSPELIENSIS PHILOSOPHICÆ ET PHILOLOGICÆ.

Leges in gratiam auditorum Philosophiæ.

I. Ineunte augusto, logicis omnibus triduanum examen, sine præsidio professorio, præsentibus tantum viris Academicis; quatriduanum physicis, impenditor.

II. Logici non modo in logicis rebus, sed ethicis, metaphysicis, politicis, aliisque Philosophiæ partibus, quæ promiscue utriusque scholæ sectatoribus enarrabuntur, exagitandos tunc se sciunto; physici insuper et in physice, aliisque curriculi consuetis corollariis.

III. Omnes qui nomina dederunt Academiæ moderatori in primo militiæ suæ Aristotelicæ auctoramento, ad unum examinantor. Quicumque examen detrectaverint, aut, re infecta, discesserint, vel tædio curriculi, vel ignorantiæ suæ conscientia deterriti, ut susceptæ stationis desertores, aut ob apertam rebellionem, ab honoris petitione exclusi, solemnibus laureæ indictivis, in publica spectantium corona, recitantor, una et causa absentiæ, sive ea honora, sive inhonora fuerit.

IV. Die solemni, candidati laureæ coram corona prætereunto, eo loco quem sibi quisque promeruerit.

V. Dignissimo omnium præmium dator: si legum academicarum observantia simul et probata eruditio plures coæquarint, honor et munus pariter eis exæquantor.

VI. Non modo moderator, professores, præceptoresque philologi, philosophiæ

[1] Ce règlement me paraît être l'œuvre du ministre Peyrol. On lit, en effet, dans une délibération du 18 septembre 1605, couchée, à cette date, sur le Registre : « Arresté que Monsieur » Peyrol est prié de vouloir mettre la main à la plume, pour faire le reiglement et ordon- » nance qu'il sera bon de tenir et garder audit collège, conformes à ceulx des autres fa- » meux collièges de ce Royaulme, pour estre leu et accordé en ceste compaignie » (le bureau du Collège).

et artium doctores, sed et RR DD octumviri Academici, quibus tunc præsto esse licuerit, de singulis judicanto, collatis suffragiis testimoniisque singulorum, quorum intererit, secundum eruditionis et probitatis simul æquilibrium collectis et ponderatis.

VII. Nomenclatores sunto in logico et physico auditorio, qui absentiam tarditatemque singulorum in frequentandis prælectionibus, et præsertim in dissertationibus hebdomadariis, horis cuique professioni præstitutis, notabunt, et ad moderatorem deferent, qui die decretorio referet ad examinatores et judices, ut violata disciplina præmium honoremque diminuat, sicut probe præstita ampliet.

VIII. Communes prælectiones utrique scholæ, physicæ et logicæ, ab utriusque auditoribus excipiuntor, quæ incumbent vel moderatori, vel alterutri duorum professorum, sive fuerint e metaphysice, politice, historice, aut elementis Euclideis petitæ. In quibus omnibus adolescentes laureæ destinati pertentabuntur.

Leges in gratiam omnium professorum, tam philosophiæ, quam philologiæ.

I. Omnes professores, tam philosophici, quam philologici, cursum finiunto, illi annuum saltem, hi biennalem.

II. Si de decessu aut secessu cogitent, vel cunctos RR DD octumviros Academicos, vel gymnasii moderatorem, sex ante menses præmonento, ut eo spatio penes illos, non autem discessorem, dignos dispiciendi libertas sit successores. Si secus faxint, solutionem minervalis semestris ne expectanto.

III. Moderatori condicenti ipsis conventum aliquem, sive ad consalutandos publice eos, quibus id officii debetur, sive ad alios, tam ex Academiæ honore ornamentove, quam ejusdem necessitate actus, parento, adsuntoque, hora locoque ab ipso moderatore præfixis, omnes prædicti professores.

IV. Si aliquis publicorum philosophiæ auditorum delicti insignis peragatur reus, coram moderatore professoribusque prædictis, publicum supplicium subito, omnibus prædictis adstantibus, remque juvantibus, inprimis professore illo opus disciplinæ aggrediente, cujus auditor fuerit reus ; hæcque opera inter ipsos mutua esto. Si quis discipulorum fregerit subsellia, cathedras, classesque aut auditoria deformarit, ad publicum illud supplicium damnator, impendioque suo damnum resarcito. Quod si recuset, carceri traditor.

V. Quicumque professorum bis terve horam prælectionum ordinariam detrectaverit, admonitus ne pergat, sine gravi causa, viroque digno a moderatore judicato ad id spatiolum in suum locum suffecto, penes esto eumdem moderatorem (si statim non detur convocandi RR DD octumviros occasio) alium virum idoneum detrectanti substituere. Quam rem RR DD octumviri, ad se postea relatam, approbabunt.

VI. Nemo potestatem convocandi RR DD octumviros, illustrissimosque dominos consules de convocandis eis admonendi, arripito, solo excepto moderatore.

VII. Tres primi professores philologi par unum declamatorum, singulis de suo grege annis, producunto, orationesque moderatori communicanto.

VIII. Singuli prædicti professores horas suarum prælectionum, de quibus inter se convenerint, præsente remque tractante moderatore, stricto jure repræsentanto, ad signum campanæ, suosque discipulos pœna certa et moderata castiganto tarde adventantes.

IX. Logicus professor neminem, nisi publice promotum, die solemni, ad suum admittito ordinem, modo in nostra Academia philologica impleverit studia : si aliunde advenerit, sine testimonio et commeatu moderatoris, neuter professorum publicorum eum recipito.

X. Omnes promiscue auditores philosophiæ moderatoris prælectiones frequentanto ; professorumque unusquisque auditorum suorum unumquemque serio ad hoc hortator.

XI. Omnes professores, tam philosophiæ, quam philologiæ, discipulos suos intra pomœrium saltem Academiæ vernacula et gallica utentes lingua castiganto.

XII. Singulis hebdomadis, professores philosophici unam horam, singuli tamen diversam, disputationibus impendunto.

XIII. Professor logicus ethices saltem compendium ; physicus sphæram Joannis de Sacrobosco, suis exponito.

XIV. Professor logicus aliquot, vel plures ad laureolam philosophicam, sive baccalaureatum ; physicus ad lauream consummatam a calendis augusti ad finem producito : laureaque insiguiendi, pro misto, seu honorario, D. promotorem logici unico, physici duobus remuneranto[1].

Règlement anodin, dont on s'accommoderait peut-être encore de nos jours. Les noms y étaient transformés : la Faculté des Arts allait s'appeler Académie. On introduisait en outre, par l'obligation imposée au modérateur de faire des cours collectifs, un second professeur calviniste dans l'enseignement de la philosophie. Mais on pouvait attendre de ce nouveau régime des résultats assez profitables.

On changea le Principal, afin de les obtenir meilleurs. Lamerens paraissant ne pouvoir suffire à une fructueuse mise en pratique de ce régime, on le remplaça par Adam Abrenethée[2], ex-professeur au collège de Nîmes,

---

[1] Arch. mun. de Montp. Délibérations relatives au Collège, de 1597 à 1614. — Carton coté GG *Université*. Registre sur papier, fol. non paginé.

[2] *Abernethy* à Édimbourg, son pays natal, où on suit la généalogie de sa famille depuis

en soumettant le nouveau chef au devoir des leçons publiques, qu'avait éludé son prédécesseur[1].

On prisait dès lors à Montpellier, comme de nos jours, la vulgarisation de la science; et on savait déjà mauvais gré au professeur qui ne s'y prêtait pas, par manque de zèle ou de talent.

Adam Abrenethée était en mesure de donner satisfaction sur presque tous les points. Habile et disert, il jouissait de l'estime générale. Il avait épousé une sœur de Jean de Plantevit de la Pause[2], dont la famille, alliée à celle des Strozzi de Florence, occupait un rang des plus honorables, et qui devait lui-même, converti au catholicisme, illustrer le siège épiscopal de Lodève.

Abrenethée était plus qu'humaniste distingué: il était en même temps poète à ses heures. La bibliothèque municipale de Montpellier possède de lui un rarissime volume, intitulé *Musa campestris, castitatem styli poeticæ juventuti proponens, duobus libris*[3]. Œuvre de protestant clérical, diraient peut-être certains lecteurs d'aujourd'hui, effrayés par l'incessante apparition du nom du Christ dans un poème de cette nature; mais au fond travail

---

le milieu du XIIIe siècle. Voy. Louis de La Roque. *Armorial de la Noblesse de Languedoc*, I, 1, et Francisque Michel, *Les Écossais en France*, etc., II, 255.— Les consuls de Montpellier traitèrent avec lui pour le principalat du Collège, le 31 août 1608. Voy. Délibérat. du 1er janvier 1597 au 13 février 1614, Arch. mun. de Montp., Série GG *Université*.

[1] « A esté arresté que par Messieurs les Consuls sera passé contract avec ledit sieur Abre-
» natée, pour exercer la charge de Principal audit Colliège, au lieu et place dudit Lamerons,
» aux mesmes pactes et conditions; et cependant que ledit Abrenatée fera deux leçons pu-
» bliques audit colliège, sur ce que par lesdits sieurs deputés sera advisé. » Même Registre, Procès-verbal du 30 août 1608. — Abrenethée entra en fonction, comme Principal, le 1er octobre 1608.

[2] L'usage le plus commun est d'écrire et de prononcer Plantavit de la Pause. Mais est-ce bien là manière la plus correcte, lorsqu'on voit cet ancien professeur du collège de Nimes, devenu évêque de Lodève, signer lui-même *De Plantevit* aux frontispices et aux épîtres dédicatoires de ses ouvrages: *Chronologia præsulum Lodovensium*; *Florilegium biblicum*; *Florilegium rabbinicum*, etc.? — Plantavit me paraîtrait provenir du latin *Plantavitius*, francisé comme désinence, mais ne me semble pas devoir être préféré à l'orthographe adoptée par le personnage lui-même, quand il s'agit surtout d'une époque aussi peu éloignée de la nôtre. Je craindrais de donner un démenti à l'illustre De Plantevit de la Pause, en écrivant son nom autrement qu'il l'écrivait de son vivant.

[3] In-8°; Montpellier, Jean Gilet, 1609.

méritoire d'honnête éducateur de la jeunesse, quoique sans beaucoup de portée, où l'éloge de Montpellier se trouve discrètement mêlé à celui de Nimes et d'Édimbourg, patrie d'Adam Abrenethée.

Le même volume renferme, avec une pagination différente, indiquant un livre à part, sous le titre de *Parnassus Galliæ Monspeliensis, sive Oratio ante Academiæ moderationem susceptam habita*, d'autres éloges de Montpellier, que devaient reproduire François Ranchin, dans l'*Apollinare sacrum* de 1614, et Étienne Strobelberger, dans l'*Historia Monspeliensis* de 1625.

Abrenethée inaugurait, ce jour-là, comme l'indique la seconde partie de ce titre, sa prise de possession en qualité de modérateur de l'Académie. Devant lui siégeaient les *octumvirs*, Étienne de Ratte, président à la Chambre des Comptes; Philippe de Boussuges, conseiller à la même Chambre; Pierre Serrane et Jean de Solas, tous les deux conseillers à la Cour des Aides ; Claude Talamendier, dignitaire de la Cour du Gouverneur de la ville ; David Varanda, conseiller au Présidial ; Étienne Ramin et Claude Dejaule, représentants de l'École de Droit, en compagnie des six consuls, François Sandras de Saint-Just ; Jacques Pélissier de Boirargues ; Jean Boet ; Jean Nissole ; Jean Bisard ; Jacques de Castelnau.

L'assemblée était donc imposante. Abrenethée lui adressa en latin un beau discours, où il distribua largement la louange, non-seulement à son auditoire d'élite, mais à la ville elle-même tout entière.

Montpellier y est par lui représenté comme un nouveau Parnasse, comme une Colonie des Muses, qu'affectionnent Apollon et Bacchus. Aucune ville ne peut lui être comparée, pas même Paris. Peut-être enseigne-t-on à Paris convenablement la théologie, la philosophie et la médecine ; mais l'enseignement du droit y est incomplet[1]. A Toulouse, c'est la médecine qui fait défaut. A Montpellier seulement, tout se trouve réuni, droit, médecine, théologie, philosophie, avec la philologie en sus pour auxiliaire.

« *Solius Monspelii hoc est proprium has omnes, jurisprudentiam, me-*

---

[1] J'ai expliqué cette assertion dans mon *Histoire de la Commune de Montpellier*, tom. III, pag. 10, et dans mon *Étude historique sur l'École de Droit de Montpellier*, pag. 9. Cf. Jourdain, *Hist. de l'Univ. de Paris*, tom. I, pag. 247.

dicinam, theologiam, philosophiam, et reliquis auxiliarem philologiam, in ludis apertis apertissime profiteri, regis christianissimi urbisque magnificæ impensis. Ex hac unica urbe medici, jurisconsulti, theologi, philosophi, philologi commeatum ingentem comparare possunt ad vitam musarum traducendam, et Parnassiam hanc peregrinationem, non modo per Galliam, sed per totum orbem terrarum. »

N'est-ce pas déjà l'apparition de la thèse, reprise à notre époque, de Montpellier grand centre universitaire ?

Hic Themidem suas posuisse sedes quis ausit negare, quum tot insignes curias, tot illustres præsides, tot Patres conscriptos, tot nobiles et pervigiles consules habeat?... Astræa licet pertæsa nostratis mundi ad cælestis fori subvolavit subsellia, delapsa est et devolavit denuo in terram Monspeliensem... Si quæras ubi Asclepiades, Podalirius et Machaon, hic hic sunt. Nonne hic Asclepiadum schola munitissima est Hippocratici ordinis dynastis, quorum quem priorem laudem nescio?... Adeo ut hæc schola non sit tam urbis schola, quam orbis.

Je cite le texte original à dessein, pour amener les érudits qui voudront poursuivre la comparaison à se convaincre que c'est là le prototype auquel ont eu recours François Ranchin et Étienne Strobelberger dans les éloges qu'ils ont, quelques années après, si libéralement départis à la ville et aux Écoles de Montpellier.

J'avais cru d'abord pouvoir accuser de plagiat, à cet égard, Strobelberger tout seul ; et voici que le discours d'Abrenethée de 1608 m'impose l'obligation d'étendre à Ranchin le même reproche, si toutefois il est permis d'adresser un reproche de ce genre à nos médecins, habitués, dans ce temps-là, à se copier les uns les autres.

Car Adam Abrenethée était médecin, lui aussi. Il concourut, en 1617, sans succès à la vérité, pour la chaire alors vacante à notre École de Médecine, par suite du décès de Pierre Dortoman[1]. C'est ce qui explique en partie

---

[1] On peut consulter, à la bibliothèque de notre Faculté de Médecine, sa thèse, ou plutôt ses thèses de concours (*Quæstiones medicæ cathedralitiæ XII*, in-12 de 24 pages, imprimerie de Jean Gilet, 1617, Mélanges B 87, n° 9, G 2-265, où il prend le titre de *Lycæi regii apud Monspel. moderator*; ce qui prouve qu'Adam Abrenethée n'avait pas encore, à cette date, abandonné la direction du collège de Montpellier. Il ne la quitta qu'en 1619, pour retourner

les compliments qu'il prodigue à nos docteurs dans son discours inaugural de 1608.

« *Aristippus naufragus in Rhodiensium ejectus littus, cum vidit in littore geometrica schemata, exclamavit: Bene est, comites; video hominum vestigia. At hic paulum, licet minime naufragus, intra urbem vestram invectus, insignia medica compitatim muris ut suffixa vidi; ut doctores et candidatos artis hujus catervatim audivi de salute generis humani disserentes, futurosque morbos prædicentes, coactus fui exclamare: At hic non hominum, sed deorum video vestigia. Recte enim ut deos ut semideos antiquitas eos habuit, qui mortalibus mala potuerunt depellere... Jam, me authore, desinat dici florentissima hæc vestra civitas* Monspessulus, *et exinde nominari incæptet* Monsparnassulus.

Ne sourions pas trop de ces exagérations ; elles étaient de mode dans les Écoles d'alors, et elles ont l'avantage de nous édifier sur le caractère de l'enseignement dans notre « Académie de Philosophie et de Philologie de Montpellier ».

Le même volume, d'où je viens d'extraire ces phrases si piquantes, m'a offert une autre mine, non moins curieuse à explorer. C'est une sorte de cahier d'honneur, où Adam Abrenethée, en publiant, comme récompense du travail de ses élèves, un choix de leurs élucubrations poétiques, nous permet d'apprécier la direction des études faites sous ses auspices.

---

au collège de Nimes, qu'il devait administrer comme principal jusqu'en 1627. Les douze questions traitées dans cet opuscule de concours sont les suivantes : 1. An vulnera occisorum, præsentibus occisoribus, sanguinem fundere possint naturaliter, atque occisores indicare ? Resp. *Possunt*. — 2. An contraria remedia, eaque in gradu æqualia, usurpanda in curatione morborum ? R. *Usurpanda*. — 3. An febribus verminosis meri potio, et hydrargyri usus ? R. *Meri potio et hydrargyri usus*.— 4. An medicamenta composita simplicibus sint præstantiora ? R. *Sunt præstantiora*. — 5. An virginum chlorosi venus et chalybs ? R. *Venus et chalybs*. — 6. An præciso cerebro necesse sit febrem et bilis vomitum supervenire ? R. *Necesse est*. — 7. An conceptio fieri possit sine voluptate ? R. *Fieri non potest*. — 8. An epilepsiæ, cranii perforatio ? R. *Cranii perforatio*.— 9. An hysterica affectio bene olentibus irritetur ? R. *Irritatur*.— 10. An a rigore et horrore febrium species dignosci, et futurorum peti præsagia possint ? R. *Possunt*. — 11. An cancrorum in mammis curatio scindentibus, causticis, vel erodentibus tentanda ? R. *Causticis potius tentanda*. — 12. An probandus in cordis affectibus gemmarum et auri usus ? R. *Probandus*.

Le titre général de cette partie du livre est *Poematia ab aliquot generosis adolescentibus prolata in honorem Musarum et literarum.*

Le Recueil s'ouvre par un *Somnium de Monte Parnasso, propositum ab ingenuo adolescente Joanne Varandæo,* — afin de le rattacher, vraisemblablement, à l'idée dominante du discours d'inauguration précédent : trentaine de vers hexamètres de bon écolier, sans beaucoup d'originalité, mais dont la correction et l'élégance seraient à imiter par nos candidats aux grades supérieurs d'aujourd'hui.

Viennent ensuite trois pièces, d'une page chacune, intitulées *Thymiamata* (Parfums poétiques) : I. *Thymiama Musarum, quo Jacobus Pacius, Julii filius*[1], *eas divitiis præfert* ; — II. *Thymiama, quo Jacobus Bussugesius præfert eas pulchritudini* ; — III. *Thymiama, quo præfert eas Daniel Perollus fortitudini.* — Puis une tirade de 83 vers, toujours hexamètres, cotée *Colonia Parnassi et Musarum, seu Somnii a Varandæo propositi enarratio, a Nicolao Chalcornacio prolata.* — Puis un autre morceau, de quatre pages d'impression : *Musarum palma, sive Carmen panegyricum, nomine Academiæ regiæ Monspeliensis, ad amplissimos dominos et senatores, consules diocesianos, et Gymnasii oratores, prolatum a cordato adolescente Jacobo Fargio.*

Soulignons jusqu'aux épithètes. Ne serait-ce pas ici un simple mot d'encouragement, que cette qualification de *Cordatus adolescens?* La tartine versifiée que j'ai lue me le ferait croire. N'y a-t-il pas aussi de nos jours une échelle de mérite dans les cahiers d'honneur de nos collèges, là où il en subsiste encore ?

Puis, pour compléter l'œuvre écolière, *Versus ad Patres diocesianos prolati a Philippo Bergerio,* sorte d'appel aux largesses publiques, au profit du Gymnase, financièrement en souffrance :

Ergo agite, o Proceres legum, Patresque senatus
Purpurei, vos et decorat quos Consulis ordo,
Hucque diœcesis vicinis urbibus omnes
Allecti, quibus est nummorum credita cura,
Usibus ut licitis regis populique ferantur,
Cernite Gymnasii cœpta interrupta, domosque

[1] Fils de Jules Pacius, alors professeur à notre École de Droit de Montpellier.

Aonidum tarde surgentes ; cernite stirpem
Hic vestram, natosque ipsos, tenerique peculi
Cernite, quæso, greges, vobis qui ad munera vestra
Deniquesuccedent, veniet quum grandior ætas.
Diligit hac cura qui non sua pignora, talis
Propria deceptus genitor nec viscera curat.

Cri de détresse, pour lequel Abrenethée avait peut-être donné le ton, et auquel devait répondre prochainement l'entrée des Jésuites au Collège.

Il n'en était pas question en 1609, quand s'imprimait le volume d'Adam Abrenethée d'où j'extrais cette moisson de détails encore inexplorés. Abrenethée publiait, à ce moment, sa *Salutatio ad doctissimum religiosissimumque virum Petrum Fenulletum, episcopum Monspeliensem, Professorum philosophiæ et philologiæ, totiusque Academiæ, nomine*, dans laquelle on lui disait : « *Tu curas Ecclesiam, et nos Reipublicæ et Ecclesiæ seminarium. Nos literas eas profitemur, quas tu unice colis et amas, et per quas tu ad hanc dignitatem, merito jam tuam, evectus es... Ea nos melioris conditionis refocillat jam spes, quod te testem et cognitorem rerum nostrarum idoneum nacti simus : cui pacem omnem et gratiam ab Jesu Salvatore comprecamur.*

Adam Abrenethée professait alors toujours, en même temps qu'il remplissait au Collège les fonctions de modérateur.

Quel ferme et robuste chrétien c'était ! Témoin encore son *Hymnus diarius, bellum morti indicens*, sublime expression de son intrépidité à braver la mort par l'ardeur indéfectible de sa foi :

O una trina Numinis
Substantia, orbis conditrix,
Mors una quum sit omnibus
Mortalibus certissima,
Ne me imparatum territet,
Aut tergiversantem occupet,
His quattuor me præpara
Pectusque firma dotibus :
I. *Cunctis diebus criminum*
Me pœnitentia excita.
II. *Dein fide et fiducia*
Culpæ expiatæ funditus
Fundato solo sanguine
Christi, potenti ut februo.
III. *Hinc vanitates lubricas*
Mundi labantis rideam.
Fac semper imperterritus.
IV. *Vitæ perennis denique*
Prædulcibus me gaudiis
Prægestientem comperi.
Tunc mors venito pallida,
Quando voles, te non moror !

IV.

Tous ces beaux sentiments, néanmoins, ne satisfaisaient qu'à moitié le nouvel évêque Pierre Fenolliet ; car il voyait s'accomplir sans lui la collation de la maîtrise ès arts, et il ne renonçait nullement à reconquérir le droit d'y apposer sa signature, à titre de conservateur des priviléges de l'Université de Montpellier.

Le moyen de rentrer, à cet égard, dans l'exercice de la prérogative dont avaient joui autrefois ses prédécesseurs, c'était d'obtenir de Henri IV de nouvelles lettres patentes, propres à réformer celles de novembre 1607, qui avaient autorisé le Principal et les régents du Collège à conférer la maîtrise ès arts. Fenolliet les sollicita, et en reçut l'ampliation dès le mois de mars 1610 [1]. La mort du roi, survenue bientôt après, ne lui en ravit pas le bénéfice ; car il se fit accorder, en 1613, d'autres lettres royales, qui lui restituaient l'ensemble des droits qu'avaient anciennement possédés sur nos établissements universitaires les évêques, soit de Maguelone, soit de Montpellier [2].

Le personnel du Collège de Montpellier, doublé de la Faculté des Arts, se trouvait alors bigarré de nationaux et d'étrangers. Non-seulement le Principal, Adam Abrenethée, était d'origine écossaise, mais il en était de même du plus ancien régent de philosophie, Georges Scharpe. Ils avaient pris l'un et l'autre le doctorat en médecine. Le régent catholique de philosophie, Claude Desandrieux, en fit autant [3]. Notre Faculté des Arts semblerait donc n'avoir été encore, dans ce temps-là, qu'une sorte de vestibule de la Faculté de Médecine. Pierre Lamerens s'était, lui aussi, précédemment livré aux études et à la pratique médicales. Georges Scharpe finit par se vouer entièrement à la médecine, et on le mentionne parmi nos profes-

---

[1] Arch. départ. de l'Hérault, Fonds de l'évêché de Montpellier, nos 68 et 69 ; et Arch. mun. de Montp., *Gr. Thal.*, fol. 373.

[2] *Ibid.*, Fonds de l'ancien Collège des Jésuites de Montpellier.

[3] En 1614, un autre étudiant en médecine, Jean Rigaud, est admis par concours à professer la Rhétorique. Délib. relatives au Collège, Arch. mun. de Montp., à la fin du Registre.

seurs hippocratistes les plus renommés. Il abjura le calvinisme ; et ses relations avec l'évêque Fenolliet devinrent si étroites, que le prélat tint, en 1616, sur les fonts baptismaux un de ses enfants.

De tels hommes ne devaient guère porter ombrage au clergé. Mais les exigences de Fenolliet se rattachaient à une question de principe[1] : il voulait rentrer en possession complète de la direction de l'enseignement, et en exclure les Calvinistes.

Il lui fallut toutefois procéder avec précaution ; car l'idée protestante ressaisissait alors de son terrain ; et force fut à Fenolliet de surseoir jusqu'à la pacification de 1622, qui suivit le siège et la reprise de Montpellier par Louis XIII, pour donner corps à ses revendications.

Elles furent alors absolues. Anathème aux *Lois de l'Académie de Philosophie et de Philologie* de 1608 ! On les considéra comme entachées de protestantisme, et le *Væ victis !* leur fut inexorablement appliqué.

Le programme disciplinaire émis, en 1628, par Fenolliet n'alla pas jusqu'à écarter expressément du Collège les professeurs calvinistes. Mais il leur y rendit la position presque impossible, en leur enjoignant d'assister chaque jour à la messe dans la chapelle de l'établissement. La conséquence d'un tel ordre devait être de contraindre les régents calvinistes à quitter leur poste. Il ne resterait qu'à compléter l'œuvre d'élimination, afin de préparer les voies aux Jésuites.

Enregistrons ici, afin de permettre de comparer le nouveau régime avec celui de 1608, les prescriptions scolaires épiscopales promulguées en 1628. Le document, sans être inédit comme le précédent, n'est guère plus à la disposition des chercheurs de raretés ; car je n'ai pu, durant tout le cours de mes investigations, retrouver qu'un seul exemplaire de l'affiche qui les renferme. Il appartient aux archives municipales de Montpellier, où il a dû sa conservation à la nécessité de le fournir à titre de pièce justificative de dépense, pour en faire payer l'impression par les consuls de la ville ; et encore y est-il écrit de la main même du Principal, Adam Abrenethée, que l'imprimeur Jean Pech n'en a tiré que cinquante copies.

---

[1] Je me suis déjà expliqué à ce sujet, dans mon *Étude historique sur l'École de Droit de Montpellier*, à propos de la détermination que prit Jules Pacius d'aller chercher à l'Université de Valence plus de liberté professorale.

DECRETA IIS OMNIBUS QUI REGIAM APUD MONSPELIENSES ACADEMIAM FREQUENTANT INVIOLATE OBSERVANDA, AUTHORITATE REVERENDISSIMI ANTISTITIS MONSPELIENSIS, UNIVERSITATIS CANCELLARII, JUDICIS ET CONSERVATORIS, CONFIRMATA.

I. Quicumque regiam apud Monspelienses Academiam, cum docendi, tum discendi causa, frequentant, hoc in primis observare debent, ut non minus pietati, quam doctrinæ studeant.

II. Quilibet professorum quotidie missæ sacrificio intersit in sacello Gymnasii.

III. Singuli professores assidue et accurate prælectionibus enucleandis vacent; nec classem ingrediantur, nisi cum toga et pileo quadrato, nec absint ab officio, nisi præmonito gymnasiarcha; si contra fecerint, mulcta plectantur, pro singulorum professorum arbitrio.

IIII. Nullus scholasticorum aliam classem, quam a gymnasiarcha post examen assignatam, frequentet.

V. Quicumque fidem catholicam, apostolicam et romanam profitentur, singulis quibusque mensibus peccata confiteantur, missæque sacrificio, constituta hora, diebusque festis concioni et vespertinis precibus pie intersint, atque explicationem Catechismi diebus sabbati audiant, eumque sedulo ediscant, ut a professoribus injunctum fuerit.

VI. Nemo Gymnasium cum armis, gladiolis, cultris, calcaribus, aut aliis hujusmodi, ingrediatur.

VII. Quilibet scholasticorum, ubi primum in Collegium ingressus fuerit, recta in classem se recipiat, et sibi in ea assignatum locum petat, nec eumdem ante finitam lectionem, nisi data a professore venia, deserat.

VIII. Si quis abfuerit a lectionibus, verberibus plectatur, nisi facultatem habuerit a gymnasiarcha.

IX. Abstineant ab omnibus quæ morum honestati adversantur, ut jurejurando, injuriis, ludis, locisque a gymnasiarcha interdictis.

X. Caveant maxime, ne scamna, cathedram, subsellia, parietes, januas, aut aliud quidpiam pingendo, scribendo, scalpendo, aut alia quavis ratione, deturpent, sive notent. Si quis legem hanc violaverit, præter verbera suo impendio damnum resarciat.

XI. Quisque intra pomœria Collegii, et in classe præsertim, latine aut græce colloquatur. Si quis vero gallica aut vernacula lingua utatur, gravissime puniatur.

XII. Quicumque ad lectionem, sive memoriter reddendam, sive accipiendam imparatus, nec rebus necessariis, ut charta, atramento, calamis et libris, instructus accesserit, plectatur, pro delicti ratione.

XIII. Si quis scholasticorum a debita gymnasiarchæ et professoribus observantia recesserit, vel eorum aliquem verbo, gestu, aut re ipsa violaverit, publico academico supplicio, vulgo *aula*, plectatur.

XIV. Si qui ex philosophis magisterii lauream in fine biennalis curriculi assequi voluerint, baccalaureatus gradum sub finem prioris anni adipisci tenebuntur : quibus gymnasiarcha et professores philosophiæ insignia alternatim suo ordine impertientur, concessa prius facultate et licentia a reverendissimo Universitatis cancellario.

XV. Philosophi exercitationes studiorum intermittent decimo quarto mensis augusti ; Rhetores sub finem mensis ; Humanistæ octavo septembris, Tertiani decimo quinto ; Quartani et Quintani vigesimo quinto ; Sextani denique quarto octobris.

XVI. Post adventum præceptoris ante lectionem, sive matutinam, sive vespertinam, divinum numen invocetur; et, finita lectione, fiat gratiarum actio per studiosos, suo cujusque ordine servato.

Oratio ante lectionem dicenda.

Clementissime Pater, infunde nobis, per meritum Jesu Christi, filii tui, Spiritus sancti gratiam, qua intellectus noster liberalibus disciplinis plenius illustretur, quas in divinum tuum honorem aliquando, et nostram spiritualem utilitatem convertere possimus, per Christum Dominum nostrum. Amen.

Gratiarum actio.

Agimus tibi gratias, Pater optime, quod, pro singulari tua bonitate, virtutis eruditionisque viam nobis commonstraris. Assigna in nobis hanc tuam gratiam, quod simus vasa misericordiæ tuæ, ac bene beateque vivendi viam ingrediamur, per Christum Dominum nostrum. Amen [1].

Remarquons la teinte religieuse plus accentuée de ce nouveau règlement. Le Collège s'y catholicise à vue d'œil. On y prescrit l'assistance quotidienne à la messe, et la confession mensuelle; on y formule la prière d'avant et d'après la classe : on y renforce l'action disciplinaire, jusqu'à préciser le genre de pénalité applicable aux mauvais écoliers, jusqu'à leur montrer du doigt les verges réservées à leurs manques de respect : la *salle* y est désignée par son nom latin *aula*, de terrible mémoire. Ce n'est plus,

[1] Arch. mun. de Montp., cart. coté GG *Université*, Affiche, de 60 cent. de haut et de 45 de large, avec écusson armorié en tête. Montpellier, Jean Pech, imprimeur du roi, 1628.

comme en 1608, l'enseignement seul que l'on codifie ; c'est surtout l'éducation.

La crise entre Catholiques et Protestants ne fut pas longue. Il suffit à Fenolliet de demander que les Jésuites fussent mis à la tête du Collège : Louis XIII leur en accorda sans délai la direction. On choisit, pour faciliter leur installation, le moment de la présence du cardinal de Richelieu à Montpellier, le 20 juin 1629, à propos de la paix d'Alais. C'était habile : quelle opposition auraient pu faire nos Protestants à une pareille mesure, sous l'œil même de leur vainqueur ?

Collège et Faculté des Arts appartinrent d'un seul coup aux Jésuites, à dater de ce jour-là.

Grand succès pour eux : car il représentait à la fois la haute main sur l'enseignement, l'apostolat de la chaire, et les confidences du confessionnal. Les Jésuites recevaient toute une population à reconstituer catholiquement.

Ils le comprirent ; et, afin de mieux s'acquitter de leur mission, ils appelèrent à Montpellier l'élite de leur personnel. A la tête du nouveau Collège furent tout d'abord placés, comme recteur le P. Balthazar Carrel, et comme procureur-syndic le P. Jean Amilhan, auquel succéda bientôt après le P. Guillaume Seissan, recommandable par ses éminentes qualités d'administrateur. Au premier le soin de la discipline et des études ; à l'autre la gestion du temporel.

Les Jésuites devaient enseigner là pendant cent trente-trois ans (1629-1762).

Ils y prospérèrent assez vite. Un rapport officiel, dressé en 1668 par l'évêque François Bosquet, d'accord avec l'intendant de Bezons, constate que vingt-six religieux étaient alors employés au service de l'établissement, parmi lesquels on distinguait un recteur, chargé de la direction générale ; un préfet, préposé à la surveillance des classes; sept professeurs ou régents, dont trois pour la grammaire, un pour les humanités, un pour la rhétorique, deux pour la philosophie, cet enseignement-là se répartissant sur deux années, à la fin desquelles se prenait le grade de maître ès arts ; — qu'il se trouvait, à ce moment, au Collège trois cent quarante élèves, catholiques et même protestants ; — qu'il y avait souvent des disputes, littéraires ou scientifiques, de classe contre classe ; — que les professeurs conduisaient chaque jour à la messe les écoliers ; — qu'ils leur faisaient, une fois la semaine, une instruction spirituelle d'une demi-heure ; — que tous les dimanches ils les associaient à une séance académique avant l'office de vêpres, puis les accompagnaient à l'église pour la prédication ; — qu'ils les obligeaient à se confesser tous les mois [1], etc.

Le Collège occupait alors un terrain plus resserré qu'aujourd'hui, et il n'était pas facile de l'agrandir ; car il était limité de trois côtés par la voie publique. Il fallut supprimer une rue, pour pouvoir y adjoindre de nouveaux bâtiments. L'impasse actuelle du Musée représente le bout de cette rue annexée, qu'on appelait, dans son ancien état, rue du Petit-Scel, ce tribunal y ayant eu domicile[2].

L'établissement ne pouvait encore, toutefois, malgré cette extension, convenir qu'à un externat. C'était, du reste, le système préféré assez fréquemment par les Jésuites. Les Pères, la plupart du temps, habitaient seuls le Collège ; les élèves ne s'y réunissaient qu'à des heures déterminées, vivant le reste du jour et durant la nuit au sein de leurs familles, ou dans des pensionnats.

Ce régime d'externat se maintint postérieurement à la reconstruction du Collège en 1862, et à l'édification de l'église attenante en 1707[3].

A cette différence de genre de vie, par rapport à l'internat universitaire moderne, s'en ajoutait une autre, concernant les livres d'étude et la méthode d'enseignement. Les auteurs de l'antiquité étaient par nos nouveaux éducateurs expurgés, et expliqués dans le sens chrétien : on y corrigeait le paganisme artistique et littéraire, en y retranchant les passages propres

---

[1] Faucillon, *Le Collège des Jésuites de Montpellier*, pag. 60.

[2] Arch. mun. de Montp., *Gr. Thal.*, Reg. 2, fol. 1. (Juin 1680). Cf. *Études archéologiques sur Montpellier*, pag. 20.

[3] Commencée en 1707, mais achevée seulement et bénie le 1er janvier 1748. Voy. Faucillon, *Le Collège des Jésuites de Montpellier*, pag. 140, et mes *Études archéologiques sur Montpellier*, pag. 22.

à éveiller dans l'esprit des élèves des sentiments répréhensibles. Les programmes qui nous sont parvenus témoignent du soin que mettaient les Jésuites à choisir les textes à traduire.

Les Jésuites se conformèrent, du reste, à Montpellier, comme dans tous leurs autres collèges, aux principes de leurs *Constitutions* et de leur *Ratio studiorum* ; ce plan d'études si mûri et si perfectionné, qu'on a pu proclamer, en dehors de tout esprit de parti, un des meilleurs codes d'éducation classique[1].

Ils enseignèrent la grammaire et la philosophie comme on l'avait fait avant eux, mais en divisant celle-ci en cinq branches, qu'ils différenciaient par les noms de logique, de métaphysique, de morale, de physique et de mathématiques, dont ils traitaient l'ensemble avec une discipline plus douce et plus sûre, à l'abri des tiraillements si funestes aux vraies études, dont les précédentes rivalités du Principal et des régents n'avaient fourni que trop d'exemples.

Pour les lettres, cinq années, dont trois affectées à la grammaire, une aux humanités, la dernière à la rhétorique. Discussion et lutte entre élèves, sous la direction du maître ; sorte d'enseignement mutuel, propre à stimuler l'activité des jeunes intelligences, et à entretenir, sans la laisser jamais s'éteindre, l'émulation, — mais toujours en langue latine, la seule admise dans les collèges des Jésuites.

Le latin avait eu seul également, au Collège dirigé par Abrenethée, droit de bourgeoisie. On ne saurait, toutefois, en parcourant les programmes d'études de l'un et de l'autre régime, les comparer sans une sorte de tristesse. J'ai eu la bonne fortune de pouvoir me procurer deux de ces programmes, celui de 1620, de l'ancien Collège mi-parti protestant et catholique, et celui qu'ont publié les Jésuites en 1630, à la suite de leur prise de possession. Une lecture attentive m'a démontré que l'enseignement du grec a faibli entre les mains des Révérends Pères, sans que l'enseignement du latin ni du français en ait vraiment bénéficié. Ce n'est pas de ma part

[1] Voy., sur les origines et le perfectionnement progressif de ce code d'éducation, l'excellent chapitre de M. Gauffrès, ap. *Claude Baduel et la réforme des études au XVIe siècle*. Paris, 1880, in-8°, pag. 51.

une appréciation arbitraire ; et pour donner à tout le monde le moyen d'en juger, j'insérerai ici ces rarissimes documents. Aujourd'hui que les questions de pédagogie tiennent une si grande place, je rendrai service en exhumant de la poussière des archives des pièces qui, bien qu'ayant été imprimées à une soixantaine d'exemplaires, sont devenues introuvables. Ce sont de simples affiches : rien d'étonnant qu'elles aient presque toutes disparu, lorsque tant de brochures elles-mêmes, d'une époque moins éloignée, n'ont pas un meilleur sort : ***habent sua fata libelli.***

Voici textuellement le contenu des deux placards. Le plus ancien, celui de **1620**, précède de neuf ans l'installation des Jésuites au Collége de Montpellier ; l'autre, de **1630**, inaugure leur nouveau régime scolaire, quant à la distribution des études.

Q. F. F. Q. S. R. L.

CATALOGUS LIBRORUM AD QUORUM EXPLICATIONEM REGII MONSPELIENSIS LYCÆI PROFESSORES (σὺν Θεῷ) AGGREDIENTUR, DIE XIX OCTOBRIS, ANNO MDCXX.

Ex decreto Senatus Academici.

In auditorio physico professor physicus explicabit, priore semestri, Aristotelis libros VIII acroamaticos ; — ejusdem lib. IIII. de cœlo cum sphæra ; — Posteriore semestri, Aristotelis libros II, de gener. et corrupt. ; — ejusdem Meteor. lib. IV ; — lib. III de anima.

In auditorio logico professor logicus præleget, priore semestri, Institutiones dialecticas ; — Aristotelis Organum. — Posteriore semestri, Aristotelis Ethica ad Nicomachum, — Euclidis element. lib. II et III.

In prima classe philologica prælegentur, priore semestri, Syntagma rhetorices ex Arist., Cic. et aliis probatis authoribus decerptum ;— M. T. C. orat. in Verrem, quæ divinat. dicit. ; — Pub. Virgil. Maron. Æneid. lib VI ; — Suetonius Tranquillus ; — Αἰλιανοῦ περὶ ζώων ἰδιότητος βιβλίον πρῶτον ; — Prosodia græca. — Posteriore semestri, Compendium dialecticæ ; — M. T. Cic. in M. Antonium Philippica I ; —L. Annæi Senecæ Medea.—Suetonius Tranquillus continuabitur. Ὁμήρου Ὀδυσσείας ά. — Græcorum Dialecti.

In secunda classe. Priore semestri, M. T.Cic. in M. Antonium Philippica IX.— Audomari Talœi Rhetorica. — Pub. Ovid. Nasonis Metamorphos. lib. II. — Ἰσοκράτους Ἐγκώμιον. — Syntaxis græca, cum investigatione thematis. — Posteriore semestri, Julii Flori de gestis Rom. lib. I. — Aphthonii Progymnasmala. — Publ. Virg. Maronis Æneid. lib IV. — Μουσαιου τὸ καθ' Ἡρὼ καὶ Λέανδρον ποιημάτιον. — Accentus græci.

In tertia classe. Priore semestri, M. T. Cic. Lælius, sive de amicitia. — Publ. Ovid. Nasonis Tristium lib. IV. — Grammatica græca Nicolai Clenardi. — Despauterianæ grammaticæ pars III et IV. — Αἰσώπου Φρυγίου μῦθοι. — Posteriore semestri, M. T. Cic. Lælius; Publ. Ovid. Nason. Tristia; Clenardi Grammatica græca; Despauter. gramm. eædem partes; Æsopi Fabulæ continuabuntur.

In quarta classe. Priore semestri, M. T. Cic. Epistol. ad Famil. lib. II — Publ. Ovid. Nasonis Epistolæ. — Grammatices Despauterianæ pars II. — Rudimenta græca. — Posteriore semestri, continuabuntur M. T. Cic. Epist. lib. idem, et Publ. Ovid. Nasonis Epistolæ. — Grammaticæ Despauterianæ pars tertia. — Declinat. et conjugat. græcæ.

In quinta classe. Priore semestri, M. T. Cic. Epist. select. lib. I. — Disticha moralia, Catonis nomine inscripta. — Despauterii genera et declinationes. — Rudimenta grammaticæ. — Posteriore semestri, continuabuntur M. T. Cic. Epistolæ et Catonis Disticha. — Despauterii Heteroclita, Præterita, et Supina. — Alphabetum græcum.

In sexta classe, ratio legendi et scribendi latine et gallice summa cum facilitate aperietur. Præterea modus latine et gallice declinandi nomina, et conjugandi verba diligentissime docebitur.

Non deerunt in singulis classibus decertationes; disputationes philosophicæ, privatæ et publicæ, scriptiones et declamationes in utraque lingua, aliæque literariæ exercitationes, diligenter, suis temporibus, Deo duce, curabuntur.

Quod iterum felix faustumque sit regio Lycæo [1].

Q. F. F. Q. S.

COLLEGIUM MONSPELIENSE, QUOD REX CHRISTIANISSIMUS LUDOVICUS XIII JUSTUS PATRIBUS SOCIETATIS JESU COMMISSUM ESSE VOLUIT, UTI JUVENTUS MONSPELIENSIS ET OCCITANA BONIS MORIBUS ET ARTIBUS FIDELITER INSTITUATUR.

Ad IV id. novemb., favente Numine, primùm aperietur, quo die dabit orator in Aula Collegii Novantiquum Monspelium. Hi vero deinceps authores a professoribus enarrabuntur.

In Philosophia. Priore semestri, Organum Aristotelis; — Posteriore semestri, De physico auditu, — De generatione.

---

[1] *Monspelii excud. Joan. Giletus, regiæ Majestatis typographus*, 1620. — Arch. mun. de Montp., carton coté GG *Université*, Affiche de 60 centim. de hauteur, et de 42 de largeur, avec deux écussons armoriés, celui de la ville de Montpellier à droite, celui du roi à gauche, au sommet du placard, qui est encadré d'arabesques.

In Rhetorica. Priore semestri, M. Tull. Cic. Orat. pro Milone. — Ejusdem Partitiones oratoriæ. — Historia Augusta. — Ausonii Mosella, et Juvenal. Sat. selectæ — Πολυαίνου Στρατηγήματα. — Prosodia græca.— Posteriore semestri, M. Tull. Cic. Philippica 2. — Partitiones oratoriæ continuabuntur. — Historia Aug. continuabitur. — L. Ann. Senecæ Medea. — Στρωματεὺς παροιμιῶν ἐμμέτρων ἀπὸ ἰαμβείων. — Prosodia continuabitur.

In Humanitate. Priore semestri, M. Tull. Cic. Tuscul. quæst. lib. 1.— Justini Historia. — Aphthonii Progymn. — Pub. Virg. Mar. Æn. lib. 1. — Πλουτάρχου τὰ Ῥωμαικά. — Accentus græci, cum investig. themat. — Posteriore semestri, M. Tull. Cic. in Catil. orationes. — Cypr. Soarii Rhetorica. — Q. Horat. Flacc. Carm. lib. 2. — Ἀνθολογίας ἐπιγράμματα ἐκλεκτά. — Syntaxis græca.

In prima Grammatices. Priore semestri, M. Tull. Cic. Epist. ad Q. fratrem, lib. 1. — Pub. Ovid. Nas. Epist. selectæ. — Αἰλιανοῦ ἐκλεκτά. — Ex Clenardo, usque ad accentus.— Figurata syntaxis, et latina prosodia.—Posteriore semestri, M. Tull. Cic. Paradoxa. — Publ. Virg. Mar. Georg. lib. 4. — Ælianus et Clenardus continuabuntur.

In secunda Grammatices. Priore semestri, M. Tull. Cic. Epist. ad famil. lib. 6 — Pub. Ovid. Nas. de Trist. lib. 1. — Despauterii Præterita et Syntaxis. — Clenardi Instit. usque ad Pronomina. — Posteriore semestri, M. Tull. Cic. Epist. ad famil. lib. 9. — Publ. Virg. Mar. Eclogæ — Βασιλ. ἐπιστολὴ περὶ τῆς ἐρημίας. — Despaut. et Clen. eadem accuratius recolentur.

In tertia Grammatices. Priore semestri, M. Tull. Cic. Epist. select. lib. 1. — Andrelini Disticha. — Despaut. Genera, Declin. et Præterita. — Rudimenta græca.— Posteriore semestri, Pontani Progymnasmata faciliora.— Pub. Ovid. Nas. Trist. lib. 5. — Despauterii eadem recolentur. — Ex Clenardo Barytona et Circumflexa.

Nec deerunt declamationes, disputationes, et aliæ id genus consuetæ literariæ exercitationes [1].

Comme nous sommes loin aujourd'hui de ce mode d'éducation ! Non-seulement la philosophie scolastique s'est effacée chez nous, sous l'action rénovatrice de celle de Descartes, mais le français y a succédé au latin dans la bouche des élèves et des professeurs. Nous nous sommes presque affranchis, qui plus est, du régime subséquent de Port-Royal et de l'Oratoire ;

[1] *Monspelii, ex typis Joannis Pech, typographi regii*, 1630. — Arch. mun. de Montp., carton coté GG *Université*, Affiche de 48 centim. de hauteur et de 33 de largeur, avec écusson royal armorié au sommet. Encadrement de fantaisie, lettres rouges et noires, pour mieux détacher les points saillants.

et Rollin lui-même, s'il pouvait revivre, chercherait vainement parmi nous la stricte application des théories de son *Traité des études*.

Quel progrès, néanmoins, n'a pas réalisé l'École de Port-Royal, en proscrivant l'abus du latinisme, qui faisait chez les Jésuites marcher l'élève de l'incompréhensible à l'inconnu, puisqu'ils le forçaient à apprendre les règles de la langue latine en cette même langue qu'il ne comprenait pas encore !

« N'est-il pas évident, — disait, à ce propos, le P. Malebranche, — qu'il » faut se servir de ce qu'on sait pour apprendre ce qu'on ne sait pas, et que » ce serait se moquer d'un Français, que de lui donner une grammaire en » vers allemands pour lui apprendre l'allemand ? Cependant on met entre les » mains des enfants les vers latins de Despautère, pour leur apprendre le » latin.... La raison et l'expérience sont visiblement contre cette coutume[1]. »

Et Lancelot, afin d'éviter ce non-sens traditionnel, composa sa *Méthode latine* en langue française.

L'honneur de Port-Royal et de l'Oratoire est d'avoir vu, contrairement à la pensée des Jésuites, que, tout en restant la langue de l'Église, le latin n'était plus qu'une langue morte ; et, ce principe établi, d'avoir résolument appliqué les moyens propres à conduire le plus promptement à l'intelligence des textes originaux. La traduction, écrite ou parlée, devenait ainsi l'exercice principal ; et on s'explique, conséquemment, le mot proverbial d'Arnauld à ce jeune homme qui lui demandait comment on doit se préparer à bien écrire en français : « Lisez Cicéron [2] ».

Lisez Cicéron ; et pour pouvoir l'interpréter convenablement, il existait une chaire spéciale d'histoire au collège oratorien de Juilly.

Les Jésuites ont eu le tort grave de ne pas profiter alors de cette salutaire expérience. Leur méthode didactique, qui avait son origine dans les habitudes d'une époque où la science parlait latin, et où la langue française n'était pas encore fixée, perdait sa raison d'être, quand s'épanouissaient en langage moderne nos grandes œuvres littéraires nationales, et quand la clarté de notre idiome français, universellement reconnue, lui assurait les préférences de la diplomatie.

---

[1] *Recherche de la vérité*, 6e édition. Paris, 1712, in-4°, tom. II. Préface.

[2] Cf. Rollin ; *Traité des études*, liv. I. chap. 3 ; et Jourdain, *Hist. de l'Univ. de Paris*, I, 346

Les Jésuites excellaient dans la mise en pratique des préceptes d'Horace, un de leurs auteurs de prédilection, — *expurgatus*, il va sans dire. L'*Omne tulit punctum, qui miscuit utile dulci* était une de leurs maximes favorites ; et pour lui demeurer fidèles, ils s'efforçaient de plaire en instruisant. Aussi s'évertuèrent-ils à composer des comédies et des tragédies, des scènes dramatiques de divers genres, dont la représentation devant un public choisi aidait souvent de la manière la plus fructueuse à faire prospérer la clientèle de leurs collèges. On mentionne, en 1706, une tragédie de Marie Stuart, jouée à Montpellier par leurs élèves, le 22 juin, en présence des consuls de la Ville en chaperon, et de la Cour des Aides en robe noire, dans la grande cour des classes. On signale également, à la date du 10 août 1707, une fête intérieure, avec pastorale, danses, dialogues, jeu d'une pièce, intitulée *Don Quichotte* ; le tout suivi d'une distribution des prix, faite par les consuls, au son des tambours et des hautbois ; et on ajoute qu'à partir de là jusqu'en 1789, la Ville continua de porter annuellement à son budget une somme de cent livres, pour la distribution des prix du Collège [1].

Ce n'est pas à dire que les Jésuites aient été les inventeurs de ce moyen de récompense et de clientèle. On le pratiquait avant eux à Montpellier même. J'ai retrouvé dans nos archives municipales une affiche de représentation scénique donnée à notre Collège le 11 novembre 1628, jour de la fête de Saint-Martin, où figurent en lettres rouges et noires le nom des acteurs et l'énoncé de la pièce, *le Triomphe du travail et de la vertu*.

Le *libretto* ne m'est pas connu plus explicitement ; mais les acteurs, tous écoliers, et vraisemblablement lauréats, revivent encore en grand nombre pour nous par leurs familles. Dans l'intérêt de celles-ci comme de la science, je crois devoir insérer encore cet autre document, peut-être unique, à son tour, mais tout au moins vierge de citation.

---

[1] Faucillon, *Le Collège des Jésuites de Montpellier*, pag. 112 et 113.

QUOD DEUS BENE VORTAT.

IN REGIO APUD MONSPELIENSES LYCÆO, LITERATÆ PALLADIS AMASII LABORIS VIRTUTISQUE TRIUMPHOS, PRO SOLENNI PRÆMIORUM DISTRIBUTIONE, DRAMATICÔS EXHIBEBUNT.

Actores.

Theatrum aperient, Claudius Scharpe Monspeliensis, — Daniel Varandal Monspeliensis.

Primum actum perficient, Petrus de Cabrieres Monspeliensis, — Simeon Formy Monspeliensis, — Joannes de Grasset Monspeliensis, — Franciscus de Massilian Monspeliensis, — Henricus de la Croix de Villebresse Monspeliensis, — Anthonius Dalmeras Monspeliensis, — Guillielmus Dalmeras Monspeliensis, — Franciscus Dalmeras Monspeliensis, — Joannes Bosanquet Monspeliensis, — Jacobus Desandrieux Monspeliensis.

Secundum actum absolvent, Franciscus Ricard Monspeliensis, — Claudius Scharpe Monspeliensis. — Anthonius Desandrieux Monspeliensis, — Simeon Codur Monspeliensis, — Joannes de Grasset Monspeliensis, — Anthonius Crouzet Monspeliensis, — Joannes Girard Monspeliensis, — Claudius Dejaule Monspeliensis, — Joannes Valat Monspeliensis, — Jacobus Scharpe Monspeliensis.

Tertium et ultimum actum adimplebunt, Petrus Joannes Clary Monspeliensis, — Carolus Bernard Monspeliensis, — Claudius Bravard Monspeliensis, — Joannes Allabic Monspeliensis, — Jacobus Valat Monspeliensis, — Franciscus Robin Monspeliensis, — Gasparus Ranchin Monspeliensis, — Petrus Carbonnier Monspeliensis, — Romivus Usclas Monspeliensis, — Petrus Robin Monspeliensis.

Theatrum dimittent, Franciscus Massauve Giguascensis, — Joannes Descrimis Santo.

ADESTE ET FAVETE, BENEVOLI MUSARUM AMATORES, DIE FESTO DIVI MARTINI, XI MENSIS NOVEMBRIS, ANNO 1628, HORA MERIDIANA.

ANNUENTE SUPREMO NUMINE [1].

Ces solennités littéraires donnaient parfois lieu à des harangues latines, laborieusement conçues, et émaillées des fines fleurs de la rhétorique.

[1] Arch. mun. de Montp. carton coté GG *Université*. Affiche sur papier, de 50 centim. de haut et de 35 centim. de large, avec écusson armorié en tête, imprimée en capitales rouges et noires.

J'en ai lu deux, l'une de 1684, intitulée *De Occitaniæ comitiis oratio, habita Monspelii, coram tribus provinciæ ordinibus, in regio et academico Monspeliensi Collegio Societatis Jesu* [1] ; l'autre, de 1687, ayant pour titre : *Monspeliensis civitatis Panegyricus, in Monspeliensi regio et academico Collegio Societatis Jesu dictus* [2].

Les *Præsides amplissimi*, les *Senatores integerrimi*, les *Consules vigilantissimi*, *cæterique auditores ornatissimi*, auxquels s'adresse l'orateur dans l'exorde de ce second discours, indiquent suffisamment la composition d'un auditoire d'élite.

Tout le monde, en effet, n'aurait pu goûter, même alors, les élégances et les artifices de ce morceau oratoire, consacré à l'éloge de Montpellier, en même temps qu'au rappel de ses gloires diverses : déclamation assez vague, dont le fond se réduisait à célébrer les agréments de la ville, et l'aménité des mœurs de ses habitants [3] ; simple développement de lieu commun, ainsi qu'excellaient à en produire les Jésuites, experts à manier l'encensoir de la Renaissance ; où S. Fulcran est comparé à Numa, et où ses deux sœurs se trouvent, sans distinction de sexe, rapprochées de Romulus et de Rémus ; les Guillems y étant aussitôt après assimilés aux Camille, aux Curius, aux Fabricius, aux Catons, aux Regulus, et aux Scipions ; où la louange est prodiguée à pleines mains aux personnes recommandables de l'assistance ; sorte de macédoine littéraire prétentieuse, dont le cadre paraît avoir été choisi à dessein, pour pouvoir y accumuler tous les genres de flatterie. Le Collège venait d'être récemment rebâti, et c'était un moyen d'acquitter une dette de reconnaissance à l'égard des autorités et des compagnies qui avaient concouru à sa reconstruction ; puis de fêter Louis XIV, pour la révocation de l'édit de Nantes, la grande affaire politique et religieuse de ce temps-là.

L'autre harangue, *De Occitaniæ comitiis*, semblerait avoir été le coup d'essai d'un débutant, élève ou novice, rien ne le précise : *Peto a vobis primum hanc veniam, huic tempori locoque accommodatam, ut in hoc*

---

1 In-4°, Montpellier, Daniel Pech, 1684.

2 In-4°, Montpellier, Daniel Pech, 1687.

3 *Ne vaga nimis ac inamœna sit oratio, ad hæc duo capita contraham : alterum, quam amœna per se sit civitas ipsa ; alterum, quam amœni civium mores.*

novo dicendi genere, a Lycæi pulvere, literariisque exercitiis, quibus me adhuc continui, adeo remoto, si quid academici ejus, austeriorisque styli irrepserit, boni consulatis; tum, si minus rerum gravitatem orationis majestas assequetur, ne miremini in novo rudique oratore, nec tam quid ipsa res postulet, quam quid ego in ea pertractanda possim velimque, vobis spectandum putetis.

A la fin de cet exorde est indiqué le sujet de la harangue : *Adeste æquis animis, et cum, quid sibi mutuo Rex et Comitia conferant, ex me noveritis, sic statuetis, opinor, nullam sic provinciam amari potuisse, nullam sic amare, nec ulla unquam sic laudari potuisse Comitia ut hæc vestra, quæ regio munere non minus, quam sua fide ornata, id omnino ambiguum faciunt, utrum ipsa plus a Rege, an Rex ab ipsis plura acceperit.*

Ici encore exubérance d'éloges, soit envers le roi, soit envers le cardinal de Bonzi, archevêque de Narbonne, et à ce titre président des États de Languedoc; envers le duc du Maine, le duc de Noailles, le marquis de Calvisson, l'intendant Daguesseau ; — puis une pensée pour le Collège en voie de reconstruction ; pour l'édit de Nantes en voie de révocation ; pour l'ouverture du canal de communication des deux mers : le tout agencé dans un résumé d'histoire locale généralement superficiel, mais où se détachent convenablement certains faits, avec l'intention d'aboutir, en même temps qu'à la glorification de la Province et de l'Assemblée qui en constitue le pouvoir dirigeant, à une sorte d'apothéose de Louis XIV.

Ceux de mes lecteurs qui ne pourraient consulter à la bibliothèque municipale de Montpellier ces curiosités oratoires, en concevraient une idée par les discours latins naguère prononcés aux distributions de prix des concours généraux de la Sorbonne, plus sobres d'éloges, mais d'un style tout aussi enchevêtré.

Les Jésuites avaient, comme je l'ai dit, assumé la direction de la Faculté des Arts avec celle du Collège. Ils y exerçaient, par suite, le droit de conférer les grades. La maîtrise continua de s'obtenir, selon l'usage traditionnel, par une soutenance de thèses, embrassant le cercle des études philosophiques. La cérémonie de la réception du lauréat avait lieu dans la chapelle, quand le cortège de parents et d'amis était nombreux. Il n'était pas rare d'y voir à des places d'honneur l'intendant, l'évêque, des chanoines, des magistrats, des professeurs des autres Facultés, le corps municipal, etc. La promenade au son des trompettes, des hautbois, des violons, complétait la fête. Le nouveau maître ès arts y était conduit par les consuls en robe rouge et par leurs officiers de ville.

Une telle solennité coûtait cher. Aussi, sur les quinze cents maîtres ès arts environ que reçurent les Jésuites pendant les cent trente-trois ans qu'ils présidèrent aux exercices de la Faculté des Arts, nous dit-on qu'une soixantaine de réceptions seulement se fit avec cette pompe [1].

Les Jésuites conférèrent, à partir de 1686, indépendamment de la mai-

---

[1] Faucillon, *La Faculté des Arts de Montpellier*, pag. 48. — Tout cela se passait-il bien régulièrement? Il est permis d'en douter, en face de la protestation du 17 juillet 1695, dont j'ai retrouvé l'original aux Archives municipales de Montpellier, revêtue des signatures autographes des réclamants, et formulée comme il suit :

« A la requeste de Messieurs les maire, consulz et viguiers de la ville de Montpellier, soisiguiffié par le premier huissier ou sergent requis à M. de Perdrix, vicechancelier de Monseigneur l'illustrissime et reverendissime eveque de Montpellier, que le six et quatorze de ce mois ayant esté appellés pour assister aux assemblées pour les actes que les sieurs Eustache et Poujol faisoient pour passer maitres ez artz, ilz assistèrent aux thezes qu'ils soutindrent, ausquelles assemblées le sieur Perdrix n'assista pas; et aiant esté aussy appellés à une autre assemblée pour la continuation desdits actes, lesdits sieurs Eustache et Poujol estant montés en chaire, et après les complimens accoutumés aiant vouleu prester serment, les sieurs consulz ont represanté audit sieur Perdrix qui presidoit, qu'il devoit les faire opiner et les autres qui ont droit, pour après, s'ilz estoint trouvés capables à la pluralité des voix, estre receus a prester serment, et le lendemain estre installés par les sieurs consulz, conformement aux lettres patantes du mois de mars mil six cens dix; ce que le sieur Perdrix aiant refusé de faire, les sieurs consulz protestèrent de la contrevention au reglement contenu auxdites lettres patantes, et se retirèrent. Ilz ont depuis apris que le sieur Perdrix et les R. P. Jezuites ont passé outre, aiant fait prester serment auxdits sieurs Eustache et Poujol, les aiant installés et promenés par la ville, et que le sieur Perdrix donnoit même en particulier des lettres de maitre ez arts, sans acte public ny examen, sur un simple certifficat du professeur de philosophie; et comme c'est une contrevention manifeste aux reglemenz et a celui contenu auxdites lettres patantes, qui doit estre corrigée, les sieurs consulz protestent de nouveau par le present acte de tout ce quilz peuvent et doivent protester, suivant lesdites lettres patantes du mois de mars 1610, les sommant et requerant de les executer à l'avenir, suivant leur forme et teneur. — Fait à Montpellier, le dix septième jour du mois de juillet mil six cens quatre vingtz quinse.

Bonnier, consul viguier. Nauton, consul. Saget, consul.

Arch. mun. de Montp. Arm. Dorée, Original sur papier.

trise ès arts, les grades en théologie ; car ils prirent alors possession de la Faculté de Théologie de Montpellier, après l'avoir disputée victorieusement aux Dominicains.

Ils devaient obtenir, en outre, en 1741, la cession de la chaire de mathématiques, précédemment attachée à notre Faculté de Droit [1].

Il n'en faudrait pas conclure que les Jésuites aient inauguré à Montpellier l'enseignement de la théologie. Une Faculté de théologie figure, dès l'année 1421, dans une bulle de Martin V, qui l'annexe à la Faculté de droit ; et des lettres du roi Jean, de 1351, avaient déjà autorisé ses bedeaux à porter, dans l'exercice de leurs fonctions, des verges argentées, indice d'une existence *sui juris* [2]. La théologie s'étudiait à Montpellier, de temps immémorial, chez les Religieux des divers ordres, surtout chez les moines mendiants. Mais elle s'éclipsa, lorsque disparurent, au XVIe siècle, sous le marteau calvinien, églises et couvents ; et quand, au sortir de la tempête où il avait sombré, on entreprit de restaurer son enseignement, force fut aux Dominicains, après de vains efforts pour le ressaisir, de l'abandonner aux Jésuites.

La chaire de mathématiques, à son tour, existait, avec le titre officiel de chaire de mathématiques et d'hydrographie, depuis que Louis XIV en avait pourvu, en 1682, Nicolas Fizes. Primitivement dépendante de l'École de Droit, elle passa, en 1741, aux Jésuites, qui la conservèrent jusqu'en 1762. Louis XV devait, en 1764, après leur départ, la réunir à la Société royale des Sciences de Montpellier, associée à l'Académie des Sciences de Paris [3].

Tout cela explique comment on a pu qualifier d'*Université jésuitique* le Collège de Montpellier, à une certaine époque.

Les Révérends Pères firent agréger à cette Université, en 1740, les chaires de philosophie et de théologie de leur Collège de Marseille, avec l'ensemble de leurs collèges d'Arles, du Puy et de Tournon [4]. L'attribution de

---

[1] Voy. ma Monographie intitulée : *Un professeur de mathématiques sous Louis XIV*.

[2] J'ai publié ces deux documents parmi les Pièces justificatives de mon *Histoire de la Commune de Montpellier*, III, 415 et 416.

[3] Arch. mun. de Montp., *Gr. Thal.*, Reg. 2, fol. 136 et 147.

[4] Faucillon, *Le Collège des Jésuites de Montpellier*, pag. 136.

la chaire de mathématiques de Montpellier, qui leur advint en 1741, put donc être considérée alors comme un simple complément d'influence universitaire.

Cette influence ne se déploya pas toujours sans contrôle. Qui ne connaît les démêlés de nos Jésuites avec l'évêque Joachim Colbert ?

Colbert mit le roi de son côté, en obtenant du Conseil d'État, le 19 janvier 1723, l'union en corps d'Université des trois Facultés de Droit, de Théologie et des Arts ; mais il amoindrit du même coup son autorité épiscopale, puisqu'il lui fut interdit de délivrer autrement qu'à la suite d'examens subis sérieusement devant les professeurs, et sanctionnés de leur signature, aucunes lettres de maîtrise.

Les Jésuites ne gagnèrent pas davantage à ce conflit ; car, en vertu d'un arrêt subséquent du Conseil d'État, ils furent réduits à prendre des lettres de professeur, à se faire installer comme tels par le vice-chancelier, qui, représentait l'évêque, et à prêter serment entre ses mains.

V.

Les choses allèrent ainsi jusqu'en 1762, où, par l'effet d'une mesure générale, ordre fut intimé aux Jésuites d'abandonner le Collège et la Faculté des Arts de Montpellier. On les remplaça par des professeurs libres, prêtres ou laïques. Cent quarante-huit élèves répondirent à l'appel du principal Méraville [1], tous externes encore. — Ce fut l'ère d'une nouvelle sécularisation.

La collation de la maîtrise continua à se faire par les nouveaux éducateurs ; car on ne séparait toujours point du Collège la Faculté des Arts. La Faculté de Théologie elle-même n'avait pas changé de domicile [2]. Le per-

[1] Le principal Méraville était prêtre du diocèse de Rodez. On lui adjoignit, comme professeur de logique, Collet, laïque, originaire de la Bourgogne ; comme professeur de physique l'abbé Saury, du diocèse de Rodez ; pour la rhétorique l'abbé Fabre, dont les poésies patoises sont encore justement renommées ; pour la seconde Saltet, pour la troisième Bestieu, pour la quatrième Lamarteloy, pour la cinquième Peytavin.

[2] Les professeurs en étaient payés sur les fonds du Collège, et s'engageaient à conformer leur enseignement à la déclaration du clergé de France de 1682.

sonnel se maintenait partout ecclésiastique, à quelques exceptions près [1]. Les fonctionnaires non mariés mangeaient et logeaient au Collège; il y avait messe tous les matins.

Ce régime subsista jusqu'à la Révolution de 1789, sans autre modification digne d'être signalée, que l'établissement d'un internat pour les élèves, en 1783, afin de pouvoir soutenir la concurrence avec les maîtres de pension, qui les hébergeaient antérieurement.

Il importe, pour s'expliquer exactement cette situation, d'insérer ici les lettres de Louis XV du 19 janvier 1765, qui en ont posé les bases.

« Louis, par la grâce de Dieu roi de France et de Navarre, à tous ceux qui » ces présentes lettres verront, salut. — Nous avons reconnu, par le compte qui » nous a été rendu de l'état du College établi depuis longtemps en notre ville de » Montpellier, qu'il étoit indispensable d'y conserver un établissement dont elle » ne pouvoit se passer. La célébrité de ses Écoles et l'ancienneté d'une Univer- » sité fameuse, qui y a attiré des étudians de tout notre royaume, même des » pays étrangers, lui ont mérité la protection et les bienfaits des rois nos prédé- » cesseurs; et nous marcherons avec satisfaction sur leurs traces, en le confir- » mant, et en le mettant, par la bonne administration que nous y établirons, » encore plus en état de remplir les vœux d'une ville qui s'est toujours distin- » guée par son zèle pour le progrès des sciences; et nous ne cesserons de lui » accorder notre protection, ainsi qu'à ladite Université et audit College, et de » donner une attention continuelle à tout ce qui peut contribuer à y entretenir » une émulation si utile au bien de l'éducation et à celui de tous nos sujets dans » cette province. — A ces causes, et autres à ce nous mouvant, de l'avis de notre » Conseil, et de notre certaine science, pleine puissance et autorité royale, nous » avons ordonné, et par ces présentes, signées de notre main, ordonnons, vou- » lons, et nous plaît ce qui suit.

» I. Le College de notre ville de Montpellier sera et demeurera conservé; con- » firmant, en tant que besoin est ou seroit, l'établissement ancien dudit College.

» II. Ledit College sera composé d'un principal, de deux professeurs de théo- » logie, de deux professeurs de philosophie, d'un professeur de rhétorique, » et de cinq regens, pour les seconde, troisième, quatrième, cinquième et » sixième classes.

» III. Lesdites places de professeurs et regens seront remplies par des per- » sonnes tant ecclésiastiques que séculières; et l'enseignement sera gratuit, et

[1] Voy. la liste publiée par Faucillon, pag. 62 de *La Faculté des Arts de Montpellier.*

» conforme aux usages et méthodes de l'Université de notredite ville, à laquelle
» ledit College sera et demeurera agrégé, comme par le passé.

» IV. Les honoraires du principal seront fixés à douze cents livres, ceux des
» deux professeurs de théologie à neuf cents livres chacun, ceux des deux pro-
» fesseurs de philosophie à sept cents livres chacun[1], ceux du professeur de
» rhétorique à mille livres, ceux des regens de seconde et de troisième à sept
» cents livres chacun, et ceux des regens de quatrième, cinquième et sixième
» classe à six cents livres chacun, le tout par an, sauf à être lesdits honoraires
» augmentés par la suite, s'il y écheoit, lorsque les revenus du College pourront
» le permettre ; et ce en vertu d'une délibération du Bureau d'administration,
» prise à la pluralité des deux tiers des voix, et homologuée par notre cour de
» Parlement de Toulouse, sur la requête de notre procureur général, et sans
» frais.

« V. Il pourra être accordé, par ledit Bureau d'administration, auxdits prin-
» cipal, professeurs et regens, après vingt années de service, une pension émé-
» rite, qui sera fixée à la moitié des honoraires de celui qui la demandera, sans
» toutefois qu'elle puisse excéder la somme de quatre cents livres. Permettons
» même audit bureau de l'accorder avant ledit temps, en cas qu'il y eût été jugé,
» à la pluralité des deux tiers des voix, que les infirmités de celui qui la deman-
» dera le mettent hors d'état de continuer ses services, et qu'il ait rempli jusque
» là ses fonctions à la satisfaction du Bureau et du public.

» VI. Il pourra être établi un pensionnat dans ledit College, en la forme por-
» tée par notre édit du mois de février mil sept cent soixante-trois.

» VII. Le College jouira de tous les biens et revenus qui y ont été attachés....

» VIII. Ledit College sera régi et administré par un Bureau d'administration,
» qui sera composé de l'évêque de Montpellier, ou de telle personne ecclésiasti-
» que qui sera par lui choisie pour y assister en son absence, du juge-mage et de
» notre procureur en notre sénéchaussée de ladite ville, de deux officiers muni-
» cipaux, et de deux notables habitans d'icelle et du principal du College ; le
» tout sans préjudicier aux droits et prérogatives qui peuvent appartenir audit
» évêque, en qualité de chancelier de ladite Université, dont il continuera de
» jouir, ainsi qu'il en a joui ou dû jouir par le passé....

» Si donnons en mandement à nos amés et féaux conseillers les gens tenant
» notre cour de Parlement à Toulouse, que ces présentes ils aient à faire
» registrer, et le contenu en icelles exécuter, selon sa forme et teneur. Car tel
» est notre plaisir...

[1] On les appela aussi professeurs ès arts, à cause de la spécialité qu'ils représentaient, et on leur alloua une gratification annuelle de cent francs.

» Donné à Versailles, le dix-neuvième jour du mois de janvier, l'an de grâce » mil sept cent soixante-cinq, et de notre règne le cinquantième. »

Signé Louis. Et plus bas : Par le Roi, Phélypeaux.

L'enregistrement de ces lettres eut lieu au Parlement de Toulouse, le 27 avril 1765, à condition que l'enseignement de la théologie à Montpellier serait dévolu aux Dominicains, et non plus, comme précédemment, aux Jésuites [1].

Malgré ce puissant témoignage de l'intérêt royal en faveur du Collège, toutefois, la maison se soutint difficilement ; et après une expérience peu encourageante de quelques années, on songea à en confier la direction aux Pères de l'Oratoire. L'évêque François de Malide eut à étudier ce projet, lors de son installation à Montpellier en 1774. Mais les réclamations des professeurs en exercice, et les scrupules de l'intendant de la Province, le firent avorter ; on laissa finalement les choses comme on les avait constituées au départ des Jésuites [2].

---

[1] Arch. départ. de l'Hérault, liasse C. 534.

[2] Voir, pour cette affaire, les pièces contenues dans le dossier 10 de la liasse C. 534, des Archives départementales de l'Hérault. Il en ressort que François de Malide n'inclinait pas vers les Oratoriens ; « il craignoit de voir se renouveler les troubles causés par le jansénisme. » — Une lettre du même dossier, écrite par le duc de la Vrillière à l'intendant de Saint-Priest, donne en ces termes le fil de la négociation : « A Versailles, le 18 mars 1774. — » Les officiers municipaux de Montpellier m'ont adressé, Monsieur, un mémoire, dans lequel » ils expliquent d'une manière sensible la cause de la décadence du Collège royal de cette ville. » Cet établissement paroit avoir le sort de tous ceux qui depuis l'expulsion des Jesuites ont » été confiés à des maitres séculiers, lesquels n'ont réussi dans presque aucun endroit, soit » par le défaut de talent des personnes chargées d'instruire la jeunesse, soit que le succès » des colleges dépende principalement de l'union et de la subordination des instituteurs ; ce » qu'on ne peut guère attendre de sujets jaloux de leur indépendance, et presque toujours » divisés par l'intérêt particulier qui les domine. Peut-être aussi les differens colleges du » Royaume ne sont-ils pas suffisamment dotés pour faire aux regens qui y enseignent des » avantages capables de se les attacher : d'où il résulte qu'on ne peut compter sur aucun » d'entre eux, parce qu'ils sont disposés à quitter leurs fonctions quand ils peuvent se procurer un sort meilleur. Ces inconveniens ont déjà déterminé plusieurs villes à confier l'instruction de la jeunesse à des corps réguliers, dont les membres, perpétuellement surveillés, » accoutumés à la vie commune, sujets à moins de besoins, et intéressés par honneur au » maintien de l'ordre et de la régularité, n'ont pas peu contribué à faire refleurir les études » dans les colleges où ils ont été appelés. Le corps municipal de la ville de Montpellier, frappé

En 1789, Collège et Faculté s'affaissèrent, pour ne plus se relever sous ce régime fatalement condamné à disparaître. L'Assemblée Nationale leur porta elle-même le coup de grâce, en décrétant, avec la vente des biens des Universités, l'abolition des gabelles, dont une part avait servi à doter nos Écoles de Montpellier. En 1792, Collège et Faculté des Arts n'existaient plus qu'à l'état de souvenir glorieux. Tout notre édifice intellectuel était à reconstruire.

Ce n'est pas que le Collège et nos Facultés fussent hostiles aux idées de la Révolution. Le professeur de logique, l'abbé Léger, en même temps chapelain des Pénitents blancs, prononça, en 1790, pendant l'octave de la Pentecôte, quatre discours empreints de l'esprit du plus pur patriotisme, affectés à l'éloge des aspirations contemporaines [1]. Mais la suppression des corps savants n'était pas moins générale que celle des corps ecclésiastiques, comme s'il avait fallu faire table rase pour arriver à une rénovation.

Alors même que tous les professeurs du Collège eussent, en compagnie

»de ces avantages, paroit avoir inutilement tenté de faire adopter ses vues sur ce point à «M. de Durfort. J'ignore quelles raisons ce prelat a pu avoir pour s'y refuser. Mais son suc-»cesseur s'annonce differemment, et je me persuade qu'il ne mettra point obstacle au plan »de confier le college royal à la congrégation de l'Oratoire, s'il y a lieu d'esperer qu'elle s'en »chargera avec succès. Les administrateurs de ce College, ensemble les professeurs de la »Faculté des Arts et de celle de Théologie, m'ont ecrit les lettres que je vous envoye, pour »s'élever contre ce projet; les premiers dans la vue de conserver les droits de l'administra-»tion, dont ils supposent que les Oratoriens ne voudront pas reconnoître l'autorité, les autres »pour se maintenir dans leurs places, lors même que le Roi jugeroit à propos d'agreer l'ar-»rangement proposé. Je sens combien il sera difficile de contenter tous ceux qui sont attachés »à cet établissement; mais les considérations particulières doivent céder, en pareil cas, au »bien général que produira le rétablissement des bonnes études dans une ville aussi consi-»dérable que Montpellier. Cet objet important ne pouvant que vous inspirer le plus vif in-»térêt, je vous prie de vouloir bien vous en occuper, et de me mettre en état, par une réponse »détaillée, de prendre les ordres du Roi sur le mémoire que vous trouverés ci joint. » — L'avis contraire de l'intendant et de l'évêque ne permit pas de donner suite au projet.

[1] L'*Éloge historique de Henri IV* et l'*Éloge de Louis XV*, prononcés par l'abbé Barral, qui professa la rhétorique au Collège de Montpellier, de 1769 à 1777, n'avaient pas été moins patriotiques, comme on peut s'en assurer en les relisant. (Deux brochures in-8°, 1774 et 1777.) Le sentiment national ne faisait donc pas défaut aux maîtres qui recueillirent à Montpellier la succession des Jésuites. La question doit être considérée à un autre point de vue.

de l'abbé Léger, donné des gages aux principes alors dominants, notre Faculté des Arts n'aurait pu survivre à la ruine collective.

Quel était, à leurs derniers jours, l'état de l'enseignement au Collège et à la Faculté des Arts?

On ne saurait le préciser pour la Faculté. Il n'existait pas alors, comme actuellement, de programmes détaillés pour l'instruction supérieure; et l'enchevêtrement de celle-ci dans l'instruction secondaire n'en faisait pas d'ailleurs sentir la nécessité. Ce n'était toujours que l'enseignement des hautes classes du Collège approfondi et renforcé. Mais il est permis, en revanche, de déterminer, approximativement au moins, quelle était la nature des études qui conduisaient par étapes les collégiens à la maîtrise ès arts. J'en trouve l'indication dans un fascicule d'une vingtaine de pages, contenant le tableau des exercices publics qui eurent lieu, le 1er mars 1787, sous les yeux des administrateurs de l'établissement, et peut-être aussi des familles. Les matières s'y déroulent selon l'ordre que voici : Religion, Histoire naturelle, Géographie, Mathématiques, avec leurs subdivisions, arithmétique, algèbre, logarithmes (problèmes du premier degré et du second degré); puis Latinité, rhétorique, troisième (pas de seconde dans le prospectus. Serait-ce faute d'élèves dignes d'exhibition?) quatrième, cinquième, sixième, et commençants [1].

Le cahier où je puise mes renseignements renferme, outre ces divisions générales, un programme pour chacune d'elles, à travers lequel apparaissent à la fois la direction donnée aux études dans chaque branche et le degré de force qu'on se proposait d'atteindre. Les têtes de chapitre surtout y sont dignes d'intérêt, et je ne saurais notamment trop recommander à l'attention de nos aumôniers actuels l'entrée en matière suivante, concernant la Religion.

« Connoître le culte qu'exige de nous l'Être suprême, les devoirs que nous devons remplir envers nos semblables, et la route qui peut nous conduire au véritable bonheur, c'est là sans doute l'étude la plus digne de l'homme, et celle

[1] *Exercice littéraire, dédié à MM. les administrateurs du Collège royal et académique de Montpellier, par MM. les pensionnaires du même Collège.* In 8o. Montpellier, Jean Martel aîné, 1787.

qui doit occuper le premier rang dans une éducation chrétienne. Mais comment mettre à la portée des enfants des vérités qui sont si éloignées de leurs pensées? C'est en suivant la méthode que nous trouvons, pour ainsi dire, tracée dans les livres saints, la méthode de l'histoire. Les tableaux qu'elle présente fixent l'attention, et rendent plus sensibles les vérités unies à des faits éclatants. C'est la méthode qu'a suivie le grand Bossuet dans les leçons qu'il donnoit au Dauphin, son élève ; c'est celle qu'a suivie M. Fleury dans l'excellent Catéchisme historique qu'il a composé. Voilà les modèles que nous avons tâché d'imiter. Le langage sublime de l'un, tempéré par l'aimable simplicité de l'autre, nous a paru le moyen le plus sûr d'inspirer à nos élèves le respect et l'amour qu'ils doivent à la Religion. Puissent ces importantes leçons se graver profondément dans leurs âmes, et les préserver des dangers du vice et de l'incrédulité! »

Que pourrait-on dire et faire de mieux aujourd'hui? Un tel préambule porte en soi son cachet de religieuse virilité, dégageant les grands principes des minutieux accessoires, plus propres à compromettre auprès des jeunes gens la conservation de l'esprit vraiment vital du christianisme, qu'à l'affermir et à le perpétuer.

Immédiatement à la suite se dessine, au moyen d'indications succinctes et par époques, l'*Histoire de l'Ancien-Testament*, sur laquelle seront tenus de répondre tous les élèves :

« Création du monde. — Création de l'homme. — Chute de l'homme. — Déluge. — Abraham. — Jacob. — Joseph. — Moïse. — Loi écrite — Terre promise. — Juges. — David. — Salomon. — Temple de Jérusalem. — Schisme des dix tribus. — Prophètes. — Captivité de Babylone. — Daniel. — Retour de la captivité. — Machabées. »

Le semestre d'été devait sans doute être affecté à l'histoire du Nouveau-Testament.

L'étude de l'histoire naturelle, — pour suivre l'ordre du cahier de 1787, — était beaucoup plus restreinte qu'elle ne l'est aujourd'hui.

« Cette étude, y disent les professeurs, ayant pour objet une multitude infinie d'êtres prodigieusement variés,... nous avons senti combien la tête d'un jeune adolescent est peu capable d'embrasser un si vaste ensemble. Aussi notre but a-t-il été moins de faire de nos élèves de vrais naturalistes, que de les initier à la science dont il s'agit, en leur en donnant des idées claires et exactes. Dans cette vue, nous leur avons dicté un petit cours, où nous avons inséré sur les trois règnes les détails qui nous ont paru les plus propres à piquer leur curiosité, et à allumer dans leurs cœurs l'amour de l'étude, amour précieux et rare, qui peut, en ornant leur esprit, garantir leur innocence de tant d'écueils ! — Les ouvrages de MM. de Buffon, Pluche, Valmont de Bomare sont les sources où nous avons puisé... »

Suit un questionnaire : « Division de l'histoire naturelle. — I. Règne animal. Histoire de l'homme. — Description de quelques quadrupèdes, le chéval, l'âne, le chien, l'éléphant, le lion. — Des oiseaux. Définition de l'oiseau. Incubation de la mère. Sollicitude du père et de la mère après la naissance des petits. Portrait d'une poule, devenue mère de famille. Description de quelques oiseaux, le paon, le rossignol, l'hirondelle, l'aigle, oiseaux de nuit. — Des poissons. Définition du poisson, et description de l'habit dont la nature l'a revêtu. Variété des poissons. Leur forme et l'utilité de leurs nageoires. Mécanisme par lequel ils montent et descendent dans l'eau. Fécondité et guerres des poissons. — Des amphibies. Quels sont les animaux qu'on peut appeler amphibies ? L'homme ne peut-il pas être rangé dans cette classe ? — Des reptiles. Quels sont les traits qui les caractérisent ? — Des insectes. Caractères distinctifs des insectes. Leur variété. Leur parure et leurs armes. Leurs organes et leurs outils. Diversité de leurs mouvements. Guerres et utilité des insectes. — II. Règne végétal. Rapports entre les végétaux et les animaux. Enveloppes des semences. Destination de la substance farineuse renfermée dans les lobes. Feuilles séminales. Comment la radicule sort de ses enveloppes. Entier développement de la tige, après que les lobes sont épuisés. Systèmes les plus suivis dans la division du règne végétal. — III. Règne minéral. Quelles sont les substances comprises sous ce règne ? Terres. Sables et pierres. Sels. Pyrites et demi-métaux. Métaux. Bitumes et productions des volcans. Pétrifications ; procédé de la nature dans leur formation. — Vers relatifs à l'histoire naturelle. »

Programme beaucoup plus simple, comme on le voit, que celui de nos baccalauréats actuels.

Le questionnaire de géographie n'est pas plus compliqué :

« Globe terrestre. Languedoc. France. Europe. Asie. Afrique. Amérique. Terres polaires. Palestine. Mappemonde. Trouver sur le globe la longitude et la latitude d'un lieu. Même opération sur les cartes. Connoître sur le globe l'heure qu'il est dans toutes les parties du monde. Même opération sur les cartes. Trouver les antipodes d'un lieu. Mesurer sur le globe la distance d'un lieu à un autre. Même opération sur les cartes. Causes du jour et de la nuit, de l'aurore et du crépuscule. Équinoxes, solstices, causes des quatre saisons. Signes du Zodiaque....»

Il serait trop long et sans intérêt de transcrire ici les programmes d'arithmétique, d'algèbre et de logarithmes. Mais ceux de latinité méritent une attention particulière, le préambule qui les accompagne renfermant une déclaration de principes, dans laquelle se trouve en ces termes indiquée leur raison d'être :

« Tout le monde convient de la nécessité de la langue latine pour les enfants destinés à l'Eglise, au Barreau ou à la Médecine. Mais à quoi bon le latin, dit-on, pour ceux qui doivent embrasser un autre état ? Pourquoi leur faire employer tant de temps à l'étude d'une langue que l'on ne parle plus ? Il n'est pas difficile, ce semble, de répondre à cette demande, et de montrer les avantages que l'étude du latin peut procurer aux jeunes gens, même pour qui elle paroît d'abord n'être d'aucune utilité. Le premier avantage est de mieux connoître les règles de leur propre langue ; le second, de leur former le goût dans les anciens auteurs, qui en sont la source et les modèles ; le troisième, de les exciter à la vertu par les belles leçons que les païens même nous en ont données. L'étude du latin, faite selon le plan qui réuniroit ces avantages, seroit sans doute généralement approuvée par tous les parents qui désirent donner à leurs enfants une éducation honnête. Or, ce plan est celui du célèbre Rollin. En suivant avec nos élèves la route que ce grand maître nous a frayée, nous n'avons pas à craindre que l'on nous reproche de mal employer le temps. L'étude du latin, faite selon sa méthode, est moins l'étude d'une langue morte, nécessaire à quelques élèves seulement, que l'école du bon goût et de la vertu, nécessaires à tous. »

L'enseignement des diverses classes de latinité obéit à cette direction générale. En rhétorique, explication d'Horace, règles du goût, exercices de style, étude des principaux écrivains ; — en troisième, exercices de même nature, les Géorgiques de Virgile, le *Selectæ e profanis*, grammaire et prosodie latines ; — en quatrième, les Églogues de Virgile, extraits de Cicéron ; grammaire et syntaxe, application ; — en cinquième, *Selectæ e Novo Testamento* et *e Veteri Testamento*, syntaxe latine ; — en sixième, catéchisme historique latin, syntaxe latine. — Pour les commençants, grammaire française et orthographe, puis grammaire latine.

Le grec a disparu sur toute la ligne. Le latin seul est maintenu. C'est le règne de l'enseignement utilitaire.

Dans le livret correspondant de 1786, figurent l'histoire sainte, le catéchisme, l'arithmétique, l'algèbre, la géométrie, la trigonométrie, les principes sur les arts d'imitation, la poésie, la grammaire française, l'histoire naturelle, l'histoire de France, la mythologie, la sphère céleste, à côté des grammaires latine et française, des Fables de La Fontaine et des leçons d'écriture [1]. Il est curieux, toutefois, de constater ce qu'on y entendait par Histoire de France. Je transcris ce paragraphe.

« On divise l'Histoire de France en trois races, celles des Mérovingiens, des » Carlovingiens, des Capétiens.

« *Première race.* — Politique de Clovis pour s'attacher les Gaulois. Sa conversion ; ses effets. Prétextes de Clovis pour faire la guerre à Alaric ; mort de ce roi des Visigoths. Paris devient la capitale du Royaume. Fin de Clovis. Ses successeurs. Leur histoire mérite peu d'être connue. Maires du Palais ; agrandissement de leur puissance. Les Sarrazins ; leur irruption en Europe ; succès de leur entreprise sur la France. Décision du pape Zacharie, par rapport à la couronne de France. Comment Pepin devint roi. Origine du sacre des rois de France. Mœurs et coutumes des François. Combien étoit faible l'autorité des rois dans ces temps reculés. Assemblées nationales. Mélange des Francs avec les Gaulois. Épreuves judiciaires. »

C'était à peu près comme, lorsque en 1833, chargé par M. Guizot de créer au lycée de Nîmes l'enseignement de l'histoire, j'apprenais de mes élèves que mon prédécesseur s'était arrêté, pour son cours d'Histoire de France, à la période de Charles Martel.

On ajoutait, en 1786, à cette table de matières certains *Traits détachés de l'Histoire de France* :

« Actions de vertu de Théodebert.—Trait singulier de Bayard.—Affabilité de Saint-Louis.—Présent d'un soldat espagnol à François Ier, prisonnier.—Jacques Cartier envoyé en Amérique par ce roi. — Estime de Henri IV pour les braves gens. Réponse de Crillon à ce prince. Belle maxime de ce roi sur la vengeance. Sa réponse au nonce.—Exemple que Louis XIV donna à son armée, de son

[1] *Exercice littéraire, dédié à Monseigneur l'évêque de Montpellier.* In-4° de 20 pages. Montpellier, Picot, 1786.

amour pour la discipline. Vivacité de Valbelle en lui demandant d'être fait lieutenant général. Traits remarquables concernant plusieurs officiers, sous le règne de ce prince. Désintéressement de Turenne ; affection des troupes pour ce général ; parole du roi d'Espagne glorieuse à Turenne. Réponse du marquis de Marivaux à Louis XIV.

Tout cela ressemblait plutôt à de la morale en action qu'à de l'histoire proprement dite.

On y joignait des questions de mythologie, conçues de la manière suivante :

« Titan et Saturne, fils du Ciel. Guerre des Titans contre Jupiter. Leur défaite, décrite en vers par Quinault. Fuite de Saturne dans le Latium. Janus. Description de l'âge d'or par Rousseau. Fêtes célébrées en l'honneur de Saturne. Témérité de Prométhée ; son supplice : vers de La Motte sur ce sujet. Pandore formée par les dieux. Présent que lui fit Jupiter. Age de fer : vers de Rousseau. Naissance d'Apollon. Les Muses. Leurs fonctions, décrites en vers par M. Dencher. Phaëton : vers de Quinault sur sa chute. Partage du monde entre Jupiter, Neptune et Pluton. Attributs de Neptune. Prothée dépeint en vers par Rousseau. Pluton, dieu des enfers. Enlèvement de Proserpine ; vers de La Motte. Les Furies ; les Parques ; les juges de l'Enfer : vers de Rousseau. Description en vers du Tartare et de l'Élisée. Plutus dieu des richesses. La Fortune : vers de Rousseau. Le Destin : vers de Voltaire. Thémis : vers de La Motte. »

Toujours le mode d'enseignement des Jésuites, avec le grec de moins, dont les Jésuites avaient, du reste, eux-mêmes déjà diminué l'importance, en prenant la place des successeurs de Casaubon. Suppression absolue du grec[1], mais conservation du latin, jusqu'à sauver l'*Appendix de diis et heroïbus poeticis* du P. Jouvancy d'un naufrage aujourd'hui irrémédiablement enregistré.

Les thèses pour la maîtrise ès arts se trouvaient naturellement en harmonie avec les programmes du Collège, puisque c'était au Collège que s'en

[1] A quand conviendrait-il d'en fixer le commencement? Serait-ce aussitôt après le départ des Jésuites ? serait-ce postérieurement ? J'accepterai avec reconnaissance les renseignements qu'on voudra bien me donner. Mon but, en publiant de la sorte par fragments, à titre d'essai, mon *Histoire de l'Université de Montpellier*, est de provoquer la communication de documents propres à perfectionner une œuvre qui m'occupe depuis si longtemps.

élaborait la préparation. Celles de ce temps-là que j'ai eues entre les mains répondent tout à fait à ce régime scolaire. Les thèses de Jean-Louis-François-Étienne Martel, par exemple, un des lauréats de rhétorique de 1787, qui devait conquérir parmi les imprimeurs de Montpellier une des premières places, et léguer à sa famille une renommée qu'elle a si honorablement soutenue, renferment, en quatorze paragraphes, sous le titre général *Theses ex universa philosophia*, l'indication de points à discuter, sous la présidence de son professeur Antoine Régis Laquerbe, le 4 juillet 1789, choisis dans l'ensemble des programmes qui avaient dirigé ses études.

Sur cette pancarte d'Étienne Martel, *pro laurea artium*, — car les thèses s'imprimaient alors en placard, avec frontispice gravé et encadrement d'arabesques, — se lisent non seulement des propositions de philosophie sur la logique, la métaphysique, la morale, mais aussi des théories de mathématiques, de physique, de mécanique, d'astronomie ; ce qui justifie la dédicace du travail à la Société royale des Sciences (*Regiæ Scientiarum Societati*), les Sciences figurant, en effet, par leurs attributs, escortés de ceux de la Religion et des armoiries de Montpellier, dans la gravure supérieure.

Ces thèses, splendidement estampées, ou, comme on dirait aujourd'hui, illustrées, s'offraient aux personnages dont on voulait reconnaître les services ou se concilier la faveur, et se gardaient dans les familles, à titre de souvenir d'études victorieusement achevées. Nos bibliothèques et les cabinets d'amateurs en conservent encore çà et là d'imprimées sur vélin, ou sur de précieux tissus de soie blanche.

Tel était le système d'études littéraires et scientifiques en usage au Collège et à la Faculté des Arts de Montpellier, lorsque se produisit la Révolution de 1789. A part certains perfectionnements, issus des progrès intellectuels réalisés durant la seconde partie du XVIIIe siècle, et l'habitude désormais prise de traiter le latin comme langue morte, en supprimant le grec au profit du français et des branches nouvelles de connaissances qui s'imposaient à l'éducation de la jeunesse, ce système ne différait guère de celui qu'avaient antérieurement pratiqué les Jésuites. Le modèle suivi par leurs successeurs était, ainsi qu'ils nous l'ont dit eux-mêmes, le plan d'études tracé par Rollin, en communion d'idées avec Bossuet et Fleury pour l'enseignement religieux.

Il était réservé à notre époque d'inaugurer de nouveaux procédés d'enseignement. Mais l'histoire du passé universitaire que je m'efforce d'éclaircir, n'en est pas moins féconde, — outre l'intérêt de curiosité qui s'y attache, — en leçons propres à diriger dans leurs essais d'amélioration nos modernes réformateurs de la science pédagogique.

APPENDICE.

Le Collège dont je viens de jalonner les principales phases historiques demeura jusqu'à la fin de notre ancien régime universitaire le centre régulateur des études qu'embrassait le programme de la Faculté des Arts.

Mais ce ne fut pas le seul endroit où l'on cultivât ces études. Autour du Collège, objet des préférences municipales, existaient à Montpellier, comme dans tous les grands foyers intellectuels, d'autres établissements, où pouvaient s'acquérir les connaissances nécessaires à la réception de la maîtrise ès arts. Certains ordres religieux entretenaient dans notre ville une maison à l'usage de ceux de leurs novices dont ils voulaient perfectionner l'instruction. Tels étaient le collège bénédictin de Saint-Germain, le collège de Saint-Ruf, dépendant de la congrégation de ce nom, le collège cistercien de Valmagne. — D'autres établissements analogues provenaient de fondations particulières : de ce nombre étaient le collège de Bresse ou de Pézenas, le collège de Mende, le collège de Girone, le collège du Vergier.

Le collège de Saint-Germain, dont la Faculté de Médecine occupe aujourd'hui l'édifice, était spécialement affecté à des étudiants en droit, que désignait l'abbé de Saint-Victor de Marseille, en vertu des dispositions de son fondateur Urbain V. Mais le collège de Saint-Ruf, établi vis-à-vis, en 1368, par le frère de ce pape, le cardinal Anglic Grimoard, en faveur des chanoines réguliers de Saint-Ruf, à la congrégation desquels il appartenait, contenait, à côté de huit étudiants en droit et de quatre étudiants en théologie, six boursiers ès arts. Ils étaient soumis les uns et les autres à l'obligation de ne jamais parler que latin, même en conversant entre eux, *quia ferrum ferro acuitur, et plus valet collatio quam lectio*, porte le texte de cette prescription, — ce qui faisait aussi pour eux du latin une langue vivante.

On observait là des lois très sévères pour la conservation de la bibliothèque. Les livres y étaient fixés par une chaîne de fer sur des pupitres, sans pouvoir jamais être déplacés.

La fondation du collège de Mende date, comme celle du collège de Saint-Germain et comme celle du collège de Saint-Ruf, du pontificat d'Urbain V. Ce généreux bienfaiteur de l'Université de Montpellier, où il professa si honorablement, l'établit, en 1369, à l'entrée de la rue Saint-Matthieu, pour douze étudiants en médecine du diocèse de Mende, dont il était originaire ; ce qui a communément valu à cette maison le nom de Collège des Douze-Médecins. Là encore se trouvait une bibliothèque où les livres étaient strictement enchaînés, par mesure de conservation, sous la responsabilité du recteur.

La ville espagnole de Girone eut, elle aussi, à Montpellier, son collège. Il était situé en face du collège de Mende, à l'usage de deux étudiants en médecine, qui y trouvaient gîte et nourriture ; et il a continué presque jusqu'à nos jours d'être affecté à des boursiers Gironais ou Catalans.

Le Collège du Vergier, ou de la Chapelle-Neuve, complétait ce groupe scolaire. Là s'hébergaient quatre étudiants en droit, même quand, à deux reprises, en 1592 et en 1682, la Faculté de Droit y élut domicile.

Ces divers collèges, en rayonnant autour de l'École de Médecine, qui occupait alors, au bout de la rue Saint-Matthieu, les bâtiments dévolus depuis à l'École de Pharmacie, semblaient constituer à Montpellier, de ce côté, une sorte de quartier latin.

Plus ancien et moins central était le Collège cistercien de Valmagne. Les religieux de ce monastère l'avaient établi à Montpellier, en 1263, dans le faubourg Saint-Guillem, pour eux-mêmes et pour un certain nombre d'étudiants étrangers.

Le roi d'Aragon Jayme Ier avait, en qualité de seigneur de Montpellier, concouru à son installation, par la cession d'un terrain, dont la place et la délimitation sont indiquées, — comme aussi le but de la fondation elle-même, — dans un document daté de Lérida, le septième jour avant les ides de juin (7 juin) de l'année 1263. — J'en extrais, afin de mieux préciser les moyens de renseignement, la partie essentielle.

Noverint universi, quod, cum nos Jacobus, Dei gratia rex Aragonum, Majoricarum et Valentie, comes Barchinone et Urgelli, et dominus Montispessulani, inter alios ordines ordinem Cisterciensem puro corde diligamus, et dilectionem predictam non verbo tantum, sed verbo et opere, eidem ordini ostendere debeamus, idcirco, ad honorem Dei et gloriose virginis matris ejus Marie, ob remedium anime nostre et nostrorum parentum, damus et concedimus, per nos et successores nostros, monasterio Vallismagne, et vobis fratri Bertrando abbati, et conventui monachorum ejusdem, et successoribus vestris in perpetuum, totum illum locum ab integro, quem habemus in Montepessulano, prope illum furnum nostrum, et juxta hortum et domos Vallismagne antiquas, in quo Judei Montispessulani sepeliri solebant, ad faciendum et construendum ibidem studium theologie, ad usum vestri ordinis monachorum, et aliorum qui in dicto studio scientiam addiscere sacrarum volent scripturarum; volentes et concedentes vobis, et successoribus vestris abbatibus et monachis monasterii antedicti, quod dictum locum, cum omnibus melioramentis, que ibi feceritis, teneatis et possideatis.... ad vestrum et vestrorum successorum bonum et sincerum proficuum et salvamentum. Vobis tamen facientibus in dicto loco studium supranominatum, concedimus istud de donatione ista, quod dictum locum vendere alicui non possitis, nec aliter alienare, sed quod semper sit ad dictum studium deputatus. Et quia in isto studio auctor et fundator esse volumus et patronus, recipimus sub nostra protectione, defensione et guidatico speciali dictum locum et monachos, ac etiam omnes alios ibidem habitantes, sive habitaturos, vel bona eorum in aliquo loco dominationis nostre......

Datum Ilerde, septimo idus junii, anno Domini MCCLXIII[1].

Le Collège de Valmagne était donc surtout destiné aux études théologiques ; mais il est à croire que l'enseignement littéraire y avait sa part. On aurait à en dire autant des autres collèges particuliers : la revendication de la Faculté des Arts dans leur régime scolaire serait universelle. Ni théologiens, ni légistes, ni médecins ne pouvaient alors plus qu'aujourd'hui s'affranchir de la pratique des *humaniores litteræ*. Si actuellement encore on exige d'eux, au début de leur carrière, le grade de bachelier, à plus forte raison une garantie analogue s'imposait-elle à quiconque voulait avoir accès dans des écoles où, jusque pour la médecine elle-même, tout le monde parlait latin.

Non loin du Collège de Valmagne était situé le Collège de Bresse ou de Pézenas ; car il se trouvait dans le faubourg du Courreau, et sur la rue du même nom. Son fondateur, Bernard Trigard, avait été moine à l'abbaye de Valmagne; ce qui me fait presque un devoir de ne pas séparer ici les deux établissements. Trigard était devenu, de moine de Valmagne, évêque de Bergame, en Italie, en 1342, d'où il passa, en 1349, au siège épiscopal de Brescia. Comme il était originaire de Pézenas, ce fut pour des étudiants de sa ville natale qu'il institua à Montpellier le collège dont on s'explique ainsi la double dénomination; il l'établit pour de pauvres clercs, au nombre de dix, comme porte l'acte testamentaire de fondation, du 14 mars 1358 ; pour dix boursiers, qu'il déclarait ses hé-

---

[1] *Hist. de la Comm. de Montp.*, III, 413.

ritiers, quant aux trois quarts de sa succession, et pris, autant que possible, dans sa famille[1].

A la différence du Collège de Valmagne, où primaient les études théologiques, au collège de Bresse ou de Pézenas, la meilleure part était affectée aux études littéraires et juridiques ; et quand il eut disparu, comme la plupart des établissements du même genre, dans la tourmente religieuse de la fin du XVIe siècle, et qu'au lieu de le rétablir à Montpellier, on jugea plus opportun de le transférer à Pézenas, ce furent encore les *lettres humaines* qui y dominèrent l'enseignement[2].

Tels étaient à Montpellier les Collèges tributaires de la Faculté des Arts.

Il conviendrait de joindre à cet ensemble les pensionnats affectés aux études littéraires ; mais nous manquons à leur sujet d'indications précises. Nul doute, toutefois, qu'il n'en ait existé à Montpellier, aux diverses époques, un certain nombre.

---

[1] « *In auxilium et sustentationem decem pauperum clericorum, et proximorum in gradu et linea parentali prefato testatori, de genere sue stirpis, si extabunt; et, si non extabunt, in auxilium et sustentationem decem pauperum clericorum, natorum, seu nasciturorum ex terra de Pedenazio, Agathensis diocesis : et, si de predictis non extarent, in auxilium et sustentationem decem pauperum clericorum, plus semper constitutorum in angustia paupertatis*. Voy. Thomas, *Le Collège de Pézenas, établi sous le nom de Collège de Bresse à Montpellier*. ap. Mém. de la Soc. archéol. de Montp., tom. III, pag. 705 et 730.

[2] Contrat du 25 octobre 1600, ap. Thomas, *ibid.*, pag. 720. — Pézenas avait alors une certaine importance. Un parchemin, conservé aux archives départementales du Gard, constate la création dans cette ville, par lettres royales du 18 septembre 1599, d'une École d'équitation, de danse et d'escrime. Pézenas sera postérieurement honoré du séjour du prince de Conti, de Molière, et de Massillon.

L'impression de ce Mémoire ainsi achevée, je m'aperçois que j'ai presque eu tort d'y signaler, comme trop peu connus, certains documents. J'en retrouve, en effet, quelques-uns, en relisant la première édition de la Notice de Faucillon sur la *Faculté des Arts de Montpellier*. Elle est de 1856 ; et j'avais cru préférable de m'en rapporter à la seconde, datée de 1860. Je me fais donc un devoir, par scrupule d'érudit, de renvoyer mon lecteur aux Pièces justificatives de la première publication, accomplie sous les auspices de notre Société archéologique. Les deux éditions sont, du reste, identiques, bien que de format différent: simple affaire d'économie, pour un tirage à part. Ma reproduction partielle aura au moins le mérite d'une plus grande exactitude, en même temps que l'avantage d'un surcroît de publicité.

A. G.

www.ingramcontent.com/pod-product-compliance
Ingram Content Group UK Ltd.
Pitfield, Milton Keynes, MK11 3LW, UK
UKHW020949180726
13838UKWH00003B/1215